KB200959

알기 쉬운
초급 성경헬라어 문법

차례
Contents

들어가며

κα ὶ ἀπελθοῦσαι ταχὺ ἀπὸ τοῦ μνημείου μετὰ
φόβου καὶ χαρᾶς μεγάλης ἔδραμον ἀπαγγεῖλαι τοῖς
μαθηταῖς αυτοῦ (마 28:8)

지금까지 우리나라에서 출판된 성경헬라어 교본은 수십 종
이나 된다. 하지만 대부분의 교재들은 외국 서적을 번역한
것이거나 짜깁기 수준이어서 우리나라 신학교의 교육환경
이나 학생수준과는 잘 맞지 않았다. 더구나 거의 모든 교재
가 30~40강에 이르는 방대한 분량이라 실제로 한 학기에 모
두 학습하기에는 무리가 있었다. 뿐만 아니라 이미 많은 신학

생과 목회자들이 바이블 웍스(Bible works), 로고스 바이블(Logos bible), 디럭스 바이블 등 훌륭한 컴퓨터 프로그램을 가지고 있음에도 불구하고 이를 헬라어 교육에는 거의 활용하지 못하는 실정이다. 결국 성경 석의(Biblical exegesis)와 설교에 헬라어 지식이 필수적으로 요구됨에도 불구하고, 현행 교재와 학습방법은 '헬라어 학습 무용론'만 초래하게 되었다. 이런 이유로 교수와 학생 모두의 부담을 경감시켜 주고, 동시에 실질적인 학습효과를 가져올 수 있는 새로운 교재와 학습법 개발이 시급히 요구되고 있다.

이 책은 바로 이러한 문제의식에서 출발하고 있으며, 다음과 같은 점에서 기존의 성경헬라어 문법책과 차별성을 꾀하고자 한다.

첫째, 기존의 문법책과 문법교육은 문법변화표와 단어를 암기하는 데 초점을 맞추고 있으나, 이 책은 신약성경에 나오는 모든 단어의 의미와 변화형을 다양한 성경 소프트웨어(바이블 웍스, 로고스 바이블 등)를 활용해 학습함으로써 과중한 암기 부담을 경감하는 동시에 헬라어가 어떤 언어인지 이해시키는 데 주안점을 둔다.

둘째, 현행 헬라어 교재는 보통 30강 이상으로 구성되어 있으나, 이 책은 불필요한 내용을 삭제하고 10강으로 축소해 핵심사항만 학습하도록 했다. 아울러 암기 위주의 학습을 지양

하고, 학생들이 신약성경 구문을 체계적으로 분석함으로써 신약성경의 정확한 의미를 해석 및 석의할 수 있도록 내용을 구성했다.

셋째, 기존의 헬라어 문법책은 숲을 보지 못하고 나무만 볼 수 있게 한 경우가 많았다. 반면 이 책은 2강과 3강에서 헬라어의 동사와 명사, 형용사가 어형변화를 하는 까닭이 무엇이며, 어형변화가 어떤 의미와 기능을 가지는지 개괄적으로 소개해 헬라어문법에 대한 학생들의 전반적 이해를 돕도록 했다. 또 어렵거나 중요하지 않은 내용은 교재 뒷부분에 위치시키거나 제외해 중요하면서도 쉬운 내용을 우선 학습할 수 있도록 했다.

넷째, 국내 최초로 기존의 성경 소프트웨어를 활용, 연계해서 학습할 수 있도록 구성해 학생들이 능동적, 자발적으로 학습할 수 있도록 했다.

다섯째, 각 강 서두에 주요 학습내용을 요약 제시하고, 문법 사항과 연관된 만화를 한 컷씩 넣어 학생들의 관심과 흥미를 유발하도록 했다.

여섯째, 본 교재는 신학대학원 강의뿐만 아니라 성경 소프트웨어를 소유하고 있으나 제대로 설교에 활용하지 못하는 목회자들을 재교육하는 데도 유용하다.

결론적으로 이 책은 단순히 문법만 가르치는 것이 아니라 문법을 통해 자연스럽게 성경을 강해·석의하도록 유도하는 데

중점을 두며, 헬라어에 대한 부담이나 공포심을 줄이면서 신약성경을 올바르게 해석할 수 있는 기초를 마련하는 데 기여할 것으로 기대한다. 아울러 차후 새로운 교재와 교육방식이 신학생 교육뿐만 아니라 성경을 제대로 해석·설교하고자 하는 목회자들의 재교육에 활용될 경우 "오직 성경만이 답이다"를 주창하는 개혁주의생명신학의 당위성을 선포하는 데도 유용할 것이라 생각한다.

신학대학원에서 헬라어 강의를 담당할 수 있도록 배려하고 지지해 주신 김정훈 교수님께 감사드리며, 무엇보다 몹쓸 죄인의 삶을 지금까지 주장하시고 올바른 길로 인도하신 하나님께 감사드린다. 하나님께서는 IMF 직후 그리스로 유학 간 가난한 유학생의 여행길에 동행하시면서 학위를 받고 귀국하기까지의 험난한 여정을 안전하게 지켜주셨다. 또 하나님께서는 필자가 귀국한 후 백석대학교 신학대학원에서 신학을 공부하고 이제 '사람을 잡는 자'가 아니라 '하나님을 잡는 자'로서 목회자의 길을 걷도록 하셨다.

부디 이 책이 신학교육과 하나님 나라 확장에 조금이라도 쓰임이 되기를 간절히 소망하며, 무서움과 큰 기쁨으로 우리나라 신학도와 목회자들에게 이 책을 전한다.

제1강
헬라어의 알파벳과 기식, 악센트 그리고 구두점

주요 학습내용
○ 헬라어의 역사에 대해 간략하게 학습한다.
○ 헬라어 알파벳을 학습하고 암기한다.
○ 헬라어 발음 변천사와 올바른 발음법에 관해 학습한다.
○ 헬라어의 기식과 악센트, 구두점에 관해 학습한다.

1. 헬라어 알파벳과 발음

1) 헬라어 알파벳

헬라어 알파벳	명칭		에라스무스식 발음	성경헬라어 발음	현대헬라어 발음
	영어 명칭	헬라어 명칭	에라스무스식 발음	성경헬라어 발음	현대헬라어 발음
A α	Alpha	ἄλφα	a	동일	동일
B β	Beta	βῆτα	b	v	v
Γ γ	Gamma	γάμμα	g [got]	ɣ, j	ɣ, j
Δ δ	Delta	δέλτα	d	ð [this]	ð [this]
E ε	Epsilon	ἐ ψιλόν	e	동일	동일
Z ζ	Zeta	ζῆτα	dz	동일	z
H η	Eta	ἦτα	ε: 또는 a: [late]	동일	i [ski]
Θ θ	Theta	θῆτα	tʰ	θ [moth]	θ [moth]
I ι	Iota	ἰῶτα	i	동일	동일
K κ	Kappa	κάππα	k	동일	동일

Λ λ	Lamda	λάμβδα	l	동일	동일
Μ μ	Mu	μῦ	m	동일	동일
Ν ν	Nu	νῦ	n	동일	동일
Ξ ξ	Xi	ξῖ	ks	동일	동일
Ο ο	Omicron	ὂ μικρόν	o	동일	동일
Π π	Pi	πῖ	p	동일	동일
Ρ ϱ	Rho	ῥῶ	r	동일	동일
Σ σ (ς)[1]	Sigma	σῖγμα	s	동일	동일
Τ τ	Tau	ταῦ	t	동일	동일
Υ υ	Upsilon	ὑψιλόν	French u	동일	i [ski]
Φ φ	Phi	φῖ	p^h	f	f
Χ χ	Chi	χῖ	k^h	German ch	German ch
Ψ ψ	Psi	ψῖ	ps	동일	동일
Ω ω	Omega	ὦ μέγα	oː	동일	동일

---

1) 소문자 sigma가 단어 맨 끝에 사용되었을 경우 ς 로 표기하는 반면, 그 밖의 경우에는 σ로 표기한다.

2) 모음과 이중모음

헬라어 알파벳에는 모두 7개의 모음(α, ε, ι, o, υ, ω)이 있는데, 그 가운데 ε와 o는 항상 단모음인 반면, η와 ω는 항상 장모음이다. α와 ι, υ는 단모음일 수도 있고 장모음일 수도 있다. 한편 헬라어에는 다음과 같은 이중모음들이 있다.

헬라어의 이중모음	에라스무스식 발음	성경헬라어 발음	현대헬라어 발음
$A\iota$	ai [aisle]	e	e
$E\iota$	ei	i	i
$O\iota$	oi	French u	i
$\Upsilon\iota$	yi	동일	i
$A\upsilon$	au	av 또는 af	av 또는 af
$E\upsilon$	eu	ev 또는 ef	ev 또는 ef
$O\upsilon$	u	동일	동일

3) 자음의 분류

헬라어 알파벳 중 자음은 크게 다음과 같이 분류할 수 있다.

자음 분류	순음(labial)	치음(dental)	구개음(palatal)
비음(nasal)	μ	ν	
유음(liquid)		λ	ϱ
마찰음(spirant)		σ	
폐쇄음(stop)	β (middle) π (smooth) φ (rough)	δ (middle) τ (smooth) θ (rough)	γ (middle) κ (smooth) χ (rough)
이중자음	ψ	ζ	ξ

4) 이중자음의 발음

γ가 γ나 κ, χ 앞에 오게 되면 다음 표와 같이 'ng'로 발음한다.

이중자음	발음
Γγ	ng [ring]
Γκ	ngk [drink]
Γχ	ngch

5) 헬라어 발음의 변천사

헬라어 철자를 어떻게 발음할 것인가는 오늘날까지도 학자들 사이에서 논란거리다. 실제로 고대 희랍에는 여러 방언들이 있었으며 철자나 발음이 조금씩 달랐던 듯하다. 하지만 헬라어 역사에 있어서 결정적 전환점은 알렉산드로스 대왕의 동방원정이었다. 알렉산드로스는 많은 국가와 민족을 정복한 후, 통치의 편의를 위해 헬라어와 헬라문화를 이식시켰다. 그런데 헬라어가 세계 공용어(Koine Greek)가 된 이후 헬라어는 음성적 변천을 겪게 되었다.

'Koine Greek'은 성경시대를 거쳐 비잔틴 시대에 이르기까지 큰 변화 없이 사용되었다. 그러다가 1453년 터키에 의해 비잔틴제국이 멸망한 후, 많은 비잔틴 난민들이 서방 각국으로 흩어지면서 헬라어는 또 한 번의 전기를 맞이한다.

이때까지 헬라어는 서방에서 거의 잊혀 진 언어였다. 하지만 비잔틴 제국 난민의 유입은 원천으로의 회귀(Ad fontes)를 추구하는 르네상스 정신과 부합해 서방에 헬라어 교육 붐을 일으켰다. 마틴 루터(Martin Luther)도 비잔틴 제국 난민의 유입을 교회에 대한 은총이라고 생각했다. 이렇게 서방세계가 다시 헬라어를 배우게 되었을 때, 서방 세계는 비잔틴 헬라어 발음(현대 헬라어 발음과 대체로 유사)을 자연스럽게 받아들이게 되었다.

하지만 에라스무스(Erasmus)는 고전 헬라어 발음에 대한 의문을 제기했다. 그는 다양한 문법적 실마리(가령 오철자 분석)로부터 고전 헬라어 발음이 비잔틴 헬라어 발음과 같지 않다는 결론에 도달했다. 헬라어 철자를 가능한 한 고전 헬라어와 가깝게 발음하려는 에라스무스의 시도는 처음에 인정받지 못했지만 결국 영국에서 주류가 되었고, 에라스무스식 발음은 19세기 이후 지금까지 헬라어 발음의 정석으로 받아들여지고 있다. 하지만 에라스무스식 발음에는 다음과 같은 몇 가지 단점도 있다.

① 에라스무스는 가능한 한 고전 헬라어 발음과 동일한 발음을 얻고자 했지만, **고전 헬라어 발음을 성경시대 헬라어 발음에도 그대로 적용하는 것은 시대착오**적이다. 에라스무스는 헬라어 발음이 시대에 따라 변화했다는 사실(훈민정음 시대의 한글 발음과 오늘날의 한글 발음이 얼마나 다른지 생각해 보라!)을 간과했다. 에라스무스의 발음정화운동이 고전기 이후의 텍스트(가령 70인역 성경이나 신약성경)의 역사적 발음 문제에까지 확대되지 않은 점은 이해하기 힘들다.

② 에라스무스의 발음정화운동은 기본적으로 헬라어의 역사적 발음을 되찾겠다는 의도에서 시작되었다. 그러나 에라스무스의 시도는 **실제 역사적으로 사용된 적이 없는 발음으로 귀결**됐으며, 마침내 역사적 발음을 회복하겠다는 자신의 원칙을 위반하고 말았다.

이처럼 헬라어 철자의 에라스무스식 발음은 치명적인 단점을 안고 있지만, 세계적으로 아직도 에라스무스식 발음이 널리 사용되고 있다는 점을 고려할 때, 성경시대 헬라어 발음이나 현대 헬라어 발음을 그대로 사용하는 것은 오히려 호환성의 문제를 야기할 수 있다고 판단한다. 따라서 에라스무스식 발음과 음역을 우선적으로 사용하되 성경시대 헬라어 발음이나 현대 헬라어 발음도 함께 알아두자.

2. 헬라어의 기식표기법

모든 헬라어 모음은 단어 맨 앞에 올 때 기식(Breathing)을 가진다. 헬라어의 기식은 '**ʰ 발음을 가졌는가**'의 여부에 따라 강기식(Rough breathing)과 연기식(Smooth breathing)으로 나뉜다.

1) 모음의 기식

연기식	h 발음 포함하지 않음. 모음 위에 ʼ표시 첨가.	ἀ ἐ ἰ ὀ ὐ ἠ ὠ αἰ εἰ οἰ υἰ αὐ εὐ οὐ
강기식	h 발음 포함. 모음 위에 ʽ표시 첨가.	ἁ ἑ ἱ ὁ ὑ ἡ ὡ αἱ εἱ οἱ υἱ αὑ εὑ οὑ

① 연기식의 사례들[2]

Ἀδάμ ἀδάμ Ἀλέξανδρος ἀλέξανδρος Ἰακώβ ἰακώβ

Ἰησοῦς ἰησοῦς Αὐγοῦστος αὐγοῦστος Ἰούδας ἰούδας

Ἐμμανουήλ ἐμμανουήλ Ἰούλιος ἰούλιος Ἰωσήφ ἰωσήφ

Εὔτυχος εὔτυχος Οὐρβανός οὐρβανός Οὐρίας οὐρίας

② 강기식의 사례들

Ἁγάρ ἁγάρ Ἑρμῆς ἑρμῆς Ἅννα ἅννα Ἕλλην ἕλλην

---

2) 기식이 소문자 모음에 첨가될 경우 모음 위에 기식을 써 주면 된다. 하지만 대문자 위에는 기식을 쓸 공간이 없으므로 기식이 대문자 모음에 첨가되면 모음 왼쪽 위에 기식을 쓴다. 가령 Ἀδάμ.

Ἡρῳδιάς ἡρῳδιάς Ἑλληνικός ἑλληνικός
Ὑμέναιος ὑμέναιος Ἑρμογένης ἑρμογένης

2) 자음의 기식

헬라어 자음 분류표에서 살펴본 바와 같이, 폐쇄음 중에는 연기식을 가진 자음(π, τ, κ)이 있는 반면 강기식을 가진 자음 (φ, θ, χ)도 있다. 물론 모음의 경우와는 달리 자음의 경우에는 기식표시(᾿또는῾) 따로 첨가하지 않아도 무방하다. 하지만 ϱ가 단어 맨 앞에 올 경우에는 항상 강기식을 가진다. 이런 이유로 ϱ를 영어로 음역할 때 대개 [rh]라고 표기한다. 다음 사례들을 살펴보자.

Ῥαχήλ ῥαχήλ Ῥούθ ῥούθ Ῥεβέκκα ῥεβέκκα
Ῥόδη ῥόδη Ῥώμη ῥώμη

3. 악센트와 구두점

1) 악센트

헬라어에는 세 종류의 악센트가 있다. 헬라어 악센트는 주전 200년경 외국인들의 헬라어 발음을 교정하기 위한 목적으로 개발되었다. 본래 헬라어의 악센트는 강세가 아니라 중국어 성조와 유사한 것이었으나 현대 그리스어에서는 악센트가 강세로 사용되고 있다. 헬라어에는 복잡한 악센트 관련 규칙이 존재하지만 헬라어를 처음 공부하는 학생이 악센트 규칙을 일일이 알아야 할 필요는 없으므로 다음과 같이 세 종류의 악센트가 있다는 사실만 알아두자.

acute (´)	ά έ ί ό ύ ή ώ αί εί οί υί αύ εύ ού
grave (`)	ὰ ὲ ὶ ὸ ὺ ὴ ὼ αὶ εὶ οὶ υὶ αὺ εὺ οὺ
circumplex (˜)	ᾶ ῖ ῦ ῆ ῶ αῖ αῖ οῖ υῖ αῦ εῦ οῦ

2) 악센트의 사례들[3]

ἄνεμος βούλομαι ἀνθρώπων δημοκρατία πόνος
ὁδός ἀρετή στρατιῶται δῶρον ἀρχαῖος ὁδοῦ ἀρετῇ
μακρὰ ἡ ὁδός. ἡ ὁδὸς μακρά.

3) 구두점

고전헬라어에는 구두점이 거의 사용되지 않았다. 마찬가지로 신약성경의 초기 사본에도 구두점이 존재하지 않는다. 그럼에도 불구하고 오늘날 출판되는 모든 헬라어 신약성경에는 예외 없이 구두점이 사용되고 있다.[4] 신약성경에서 사용되는 구두점은 대체로 다음과 같다.

헬라어 구두점	영어 구두점	용도
.	.	문장의 종료를 표시
,	,	문장 내에서 짧은 휴식
·	; 또는 :	문장 내에서 긴 휴식
;	?	의문부호

---

3) 모음이 단어 맨 앞에 올 경우 모음에는 항상 기식이 붙는다. 그런데 모음에 기식과 악센트가 동시에 붙는 경우, 기식을 먼저 쓰고 악센트를 기식에 붙여 쓴다. 가령 ἄνεμος. 한편 모음이 대문자인 경우 기식과 악센트를 모음 왼쪽 위에 쓴다. 가령 Ἅννας.

4) 오늘날의 성경은 대체로 6세기부터 9세기까지 점차 발전된 구두점을 활용하고 있는데, 구두점은 성경 독해를 용이하게 한다는 점에서 매우 유용하다.

연습문제

• 다음 단어를 소리 내어 발음하시오.

   1) ἀπόστολος
   2) ἔξοδος
   3) Πέτρος
   4) ψυχή
   5) Χριστός

• 요한복음 1장 1~5절에는 μ, ξ, ψ를 제외한 모든 알파벳이 등장한다. 요한복음 1장 1~5절을 소리 내어 읽음으로써 헬라어의 철자와 발음을 익혀보자.

Ἐν ἀρχῇ ἦν ὁ λόγος, καὶ ὁ λόγος ἦν πρὸς τὸν θεόν, καὶ θεὸς ἦν ὁ λόγος. οὗτος ἦν ἐν ἀρχῇ πρὸς τὸν θεόν. πάντα δι᾽ αὐτοῦ ἐγένετο, καὶ χωρὶς αὐτοῦ ἐγένετο οὐδὲ ἕν ὃ γέγονεν. ἐν αὐτῷ ζωὴ ἦν, καὶ ἡ ζωὴ ἦν τὸ φῶς τῶν ἀνθρώπων. καὶ τὸ φῶς ἐν τῇ σκοτίᾳ φαίνει, καὶ ἡ σκοτία αὐτὸ οὐ κατέ

제2강
동사변화 시스템과 직설법 능동태 현재 및 미래

주요 학습내용
○ 헬라어 동사 어형변화의 주요한 요인에 관해 학습한다.
○ 헬라어 동사의 인칭과 수, 태, 법, 시제에 관해 학습한다.
○ 헬라어 동사의 시제와 양상에 관해 학습한다.
○ ω 동사의 직설법 능동태 현재시제와 미래시제 변화형을 학습 하고 암기한다.

1. 헬라어의 동사변화 시스템 개요

헬라어는 굴절어(Inflected language)다. 다시 말해 헬라어의 동사, 명사, 대명사, 형용사 등(심지어 사람 이름까지)은 문장에서 담당하는 기능에 따라 어형이 변화한다. 제2강에서는 먼저 동사 어형변화의 대략적 규칙에 관해 학습해 보자.

동사란 주어에 대해 어떤 진술을 하는 단어(가령 '나는 사도**이다**')이거나 주어가 대상에 어떤 행위를 가함을 가리키는 단어(가령 '나는 사도를 **본다**')이다. 모든 헬라어 동사는 문장에서 담당하는 기능에 따라 어형이 달라진다. 이때 단어의 기본적 의미를 담고 있는 어간은 거의 변하지 않으나, 접두모음이나 어미는 변한다. 헬라어 동사는 대체로 다음과 같은 형태로 이루어져 있다.

(접두모음) + 어간 + (가변모음) + 어미

헬라어 동사의 어형이 변하는 까닭은 크게 다음과 같은 다섯 가지 이유 때문이다.

1) 인칭

영어, 프랑스어, 독일어 등과 마찬가지로 헬라어 또한 세 개의 인칭을 가진다.

    ① 1인칭 : 화자 자신 ('나' 또는 '우리')
    ② 2인칭 : 화자의 상대방 ('너' 또는 '너희')
    ③ 3인칭 : 화자가 말하는 대상 ('그' 또는 '그들')

2) 수

고전 헬라어에는 크게 세 가지 문법적 수가 있다.

    ① 단수 : '나' '너' '그(그녀, 그것)'
    ② 복수 : '우리' '너희' '그(것)들'
    ③ 양수(dual) : '우리 둘' '너희 둘' '그(것)들 둘'

하지만 성경헬라어에서는 양수가 거의 사용되지 않는다. 이렇게 볼 때 헬라어의 인칭 및 성을 다음과 같은 도식으로 요약할 수 있다.

	단수	복수
1인칭	나	우리
2인칭	너	너희들
3인칭	그(그녀, 그것)	그들(그것들)

3) 태(態, Voice)

태는 주어가 어떤 동작의 행위자(가령 '그리스도께서 사람들에게 **세례를 베풀어 주고 계셨다**')인지 혹은 행위를 받아들이는 대상('그리스도는 요단강에서 세례요한에 의해 **세례 받았다**')인지를 알려준다. 헬라어에는 크게 세 종류의 태가 있다.

① 능동태(Active Voice) : 능동태는 그 동사의 주어가 어떤 동작의 행위자임을 나타낸다.

② 수동태(Passive Voice) : 수동태는 그 동사의 주어가 행위의 주체가 아니라 행위의 대상임을 가리킨다.

③ 중간태(Middle Voice) : 본래 중간태란 주어의 행위가 행위주체 자신과 이해관계를 가지거나 자신에게 영향을 줌을 가리키는 경우 사용된다.

예) 영어의 'I am washing myself.'

하지만 중간태가 모든 경우에 문자적으로 그렇게 해석되는 것은 아니며, 어떤 동사는 능동태로 쓰이지 않고 항상 수동태 또는 중간태 형태로만 사용된다. 이 경우 의미도 수동이 아닌 능동의 의미로 사용된다.

　예) δέχομαι : '내가 받아들여지고 있다'가 아니라 '내가 받 아들인다'를 의미.

대부분의 경우 중간태는 수동태와 문법적 형태가 동일하다. 이런 이유로 태(態, Voice)와 관련된 헬라어의 문법 변화형태 는 크게 능동태 / 수동태 및 중간태로 나뉜다.

4) 법(法, Verbal Mood)

헬라어 동사의 법은 화자가 진술내용을 사실과 연관시키는 방식을 가리킨다. '직설법'이 화자가 자신의 진술의 사실성을 주장하는 것(가령 '주께서 자비를 **베푸신다**')인 반면, 명령법 은 진술 내용을 지시하는 것(가령 '주여, 자비를 **베푸소서**') 이다.

① 직설법 : 직설법은 사실에 대한 진술이다. 설령 화자가 거 짓말하고 있더라도 그는 마치 자신이 말하는 내용이 진실인

것처럼 이야기하므로 이 경우 동사는 직설법으로 표현된다. 직설법 동사는 현재나 과거 또는 미래의 사실이나 행위를 기술할 수 있다.

② 명령법 : 명령법은 이야기를 듣는 사람에게 어떤 행위를 하도록 지시하는 것이다. 가령 '어리석고 무식한 변론을 버리라.(딤후 2:23)'

③ 가정법(Subjunctive) : 가정법 동사는 개연성 또는 가능성을 표현한다. 물론 동사의 내용(동작 또는 행위)은 주변 조건이나 상황에 따라 실제 일어날 수도 있다. 가정법은 주로 조건문(만약 ~라면 ~일 것이다)이나 목적절(~하기 위해서) 구문에서 사용된다.

④ 희구법(Optative) : 희구법은 가정법보다 현실성이 떨어지는 가능성을 표현한다. 종종 희구법은 어떤 일이 생겨나는 것에 대한 바람이나 소망 혹은 공손한 명령을 나타내기도 하는데, 신약시대에는 희구법이 널리 사용되지 않았다.

⑤ 부정사(Infinitive) : 헬라어의 부정사는 영어의 to 부정사와 마찬가지로 동사의 기능과 명사적 기능을 동시에 가지고

있기 때문에 종종 '동사적 명사(Verbal noun)'라고도 일컬어진다. 'Infinite(무한한)'라는 어원이 보여주듯 부정사는 주어의 인칭이나 수에 의해 제한받지 않는다. 반면 유한동사(Finite verb)는 동사 주어의 인칭이나 수에 의해 제한받는다.

*참고 : 분사형태 − 분사는 동사와 형용사의 기능을 동시에 가지고 있기 때문에 종종 '동사적 형용사(Verbal adjective)'라고 일컬어진다.

5) 시제(Tense)

시제는 동사가 표현하는 동작 혹은 행위의 시점(현재, 과거, 미래)을 가리킨다. 하지만 헬라어에서는 동사의 시제가 일차적으로 가리키는 것이 시간이라기보다는 '행위의 종류 혹은 양상(aspect)'이다. 시간은 2차적인 고려 요소다. 이 때문에 독일의 문법학자들은 행위의 종류(Aktionsart)에 따라 헬라어 동사의 양상을 다음과 같이 셋으로 구분했다.

① 연속적인 행위 : 행위의 진행, 지속, 반복.
② 완료된 행위 : 동작이 어떤 결과와 함께 완성.
③ 단순한 사건 발생 : 행위를 선분 위의 점처럼 간주.

직설법 이외의 법(명령법, 가정법, 희구법, 부정사)으로 사용된 헬라어 동사는 일차적으로 행위의 양상(연속적 행위 또는 완료된 행위 또는 단순한 사건 발생)을 가리킨다. 하지만 직설법 동사는 시간의 의미도 가진다. 헬라어 시제는 다음과 같이 구분된다.

㉠ 현재시제 : 헬라어 동사의 현재시제는 현재 시점에 벌어지고 있거나 진행 중인 동작이나 행위를 가리킨다.

㉡ 미래시제 : 미래의 어떤 시점에 발생할 사건을 가리킨다.

㉢ 미래완료시제 : 미래의 어떤 시점에 완료될 사건을 가리킨다. 하지만 신약성경에서는 거의 사용되지 않는다.

㉣ 완료시제(Perfect) : 동작이 어떤 결과와 함께 완성되었음을 의미한다. 다시 말해 헬라어 완료시제는 과거의 어떤 행위가 완성되어 현재 어떤 결과를 가지고 있음을 뜻하므로 과거가 아니라 현재 시제로 분류된다.

예) οἶδα는 본래 εἴδω(보다)의 완료형이지만 '과거에 어떤 것을 보아서 지금 그것을 알고 있다'를 뜻하므로 '알다'라는 현재시제의 의미로 사용된다.

ⓜ 부정과거시제(Aorist) : 부정과거란 과거에 어떤 사건이 일어났음을 단순히 기술하는 것이다. 즉 부정과거시제는 발생한 사건이 지속적이거나 반복적이었는지 아니면 과거의 동작이 완료되어 현재에까지 그 결과가 남아있는지와 무관하게 단순히 어떤 과거의 사건을 시간 그래프 위의 한 시점으로 간주한다.

ⓑ 미완료시제(Imperfect) : 미완료시제는 과거에 연속적, 반복적, 계속적으로 발생했거나 진행 중이었던 동작 또는 행위를 표현한다.

ⓢ 과거완료시제(Pluperfect) : 과거완료시제란 과거의 어떤 시점에 완료된 행위를 가리킨다. 그러나 신약성경에서는 과거완료가 거의 사용되지 않았으며, 직설법으로만 사용되고 있다.

위에서 다룬 헬라어 동사의 시제와 양상을 도표로 요약하면 다음과 같다.

동작 또는 행위의 양상	동작 또는 행위의 시간		
	과거	현재	미래
진행, 지속 혹은 반복	미완료(Imperfect)	현재	미래
사건의 단순 발생	부정과거 (Aorist)	×	×
완료	과거완료 (Pluperfect)	완료시제(Perfect)	미래완료

2. 현재와 미래 직설법 능동태

헬라어 동사는 크게 -ω로 끝나는 동사와 -μι로 끝나는 동사로 나뉜다. 신약성경에 주로 사용되는 동사는 -ω로 끝나는 동사이므로, 우선 -ω로 끝나는 동사를 중심으로 어형변화를 공부해 보자.

가장 규칙적인 동사 중 하나인 λύω(내가 풀다) 동사의 예를 들어 직설법 능동태 현재와 미래의 변화형을 살펴보면, λύω 동사의 어간은 λυ이며 인칭(1, 2, 3인칭)과 수(단수, 복수)에 따라 다음과 같이 어미가 붙는다.

	단수	복수
1인칭	λύ-ω (내가 풀다)	λύ-ομεν (우리가 풀다)
2인칭	λύ-εις (네가 풀다)	λύ-ετε (너희가 풀다)
3인칭	λύ-ει (그가 풀다)	λύ-ουσι(ν) (그들이 풀다)

직설법 능동태 현재형

미래형의 경우 일반적으로 어간과 어미 사이에 σ를 붙인다. 따라서 직설법 능동태의 미래형 어형변화는 다음과 같다.

	단수	복수
1인칭	λύ-σ-ω (내가 풀 것이다)	λύ-σ-ομεν (우리가 풀 것이다)
2인칭	λύ-σ-εις (네가 풀 것이다)	λύ-σ-ετε (너희가 풀 것이다)
3인칭	λύ-σ-ει (그가 풀 것이다)	λύ-σ-ουσι(ν) (그들이 풀 것이다)

직설법 능동태 미래형

여기까지의 직설법 능동태 현재형과 미래형 어미를 도표로 정리하면 다음과 같다.

	단수	복수
1인칭	$-\omega$	$-o\mu\epsilon\nu$
2인칭	$-\epsilon\iota\varsigma$	$-\epsilon\tau\epsilon$
3인칭	$-\epsilon\iota$	$-ou\sigma\iota(\nu)$ [5]

직설법 능동태 현재형 어미

	단수	복수
1인칭	$-\sigma\omega$	$-\sigma o\mu\epsilon\nu$
2인칭	$-\sigma\epsilon\iota\varsigma$	$-\sigma\epsilon\tau\epsilon$
3인칭	$-\sigma\epsilon\iota$	$-\sigma ou\sigma\iota(\nu)$

직설법 능동태 미래형 어미

그런데 미래형 어미의 경우 발음상의 문제로 σ가 다른 철자로 변형되는 경우가 있다.

① 어간이 순음(β, π, φ)으로 끝나는 동사 : (β, π, φ) + σ = ψ
예) βλέπω(나는 본다)의 미래형 : βλεπ + σω = βλέψω(나는 볼 것이다).

---

5) 일반적으로 3인칭 복수형 어미 ουσι가 모음 앞에 오거나 문장의 맨 끝에 올 때 ν를 덧붙여서 ουσιν이라고 쓴다.

② 어간이 구개음(γ, κ, χ) 또는 $\sigma\sigma$($\tau\tau$)로 끝나는 동사 : (γ, κ, χ, $\sigma\sigma$) + σ = ξ

예) $\H{\alpha}\gamma\omega$(내가 이끌다)의 미래형 : $\alpha\gamma-$ + $\sigma\omega$ = $\H{\alpha}\xi\omega$(나는 이끌 것이다).

*참고 : $\delta\iota\delta\acute{\alpha}\sigma\kappa\omega$(나는 가르친다)의 미래형 : $\delta\iota\delta\acute{\alpha}\sigma\kappa-$ + $\sigma\omega$ = $\delta\iota\delta\acute{\alpha}\xi\omega$(나는 가르칠 것이다)

③ 어간이 ζ 또는 치음(δ, θ, τ)으로 끝나는 동사 : (ζ, δ, θ, τ) + σ = σ

예) $\sigma\acute{\omega}\zeta\omega$(나는 구한다)의 미래형 : $\sigma\omega\zeta$ + $\sigma\omega$ = $\sigma\acute{\omega}\sigma\omega$(나는 구할 것이다).

연습문제

• 다음 동사의 직설법 능동태 현재형 어형변화표를 그려 보시오.

1) ἄγω (나는 이끈다)

2) ἀκούω (나는 듣는다)

3) διδάσκω (나는 가르친다)

4) βλέπω (나는 본다)

5) πιστεύω (나는 믿는다)

• 다음 동사의 직설법 능동태 미래형 어형변화표를 그려 보시오.

6) πείθω (나는 설득한다)

7) ἔχω (나는 가진다)

8) ἑτοιμάζω (나는 준비한다)

9) κηρύσσω (나는 소식을 전한다)

10) γράφω (나는 쓴다)

11) διδάσκω (나는 가르친다)

12) πέμπω (나는 보낸다)

제3강

명사와 형용사 변화 개요 및 제2변화 명사

주요 학습내용
○ 헬라어 명사와 형용사 어형변화의 주요한 이유(성, 수, 격)를 학습한다. ○ 헬라어의 제2변화명사 변화형을 학습하고 암기한다. ○ εἰμί 동사(영어의 be동사)의 직설법 현재형 변화와 헬라어의 부정표현을 학습한다. ○ 주요한 접속사와 전치사 몇 개를 학습한다. ○ 헬라어의 기본적 어순에 관해 학습한다.

1. 명사와 형용사 변화 개요

헬라어 동사뿐 아니라 명사나 형용사도 문장에서 기능하는 역할에 따라 어형이 변화한다. 명사, 형용사, 대명사 등의 어형 변화를 결정하는 것은 세 가지 요인(성, 수, 격)이다.

1) 성

헬라어의 문법적 성은 크게 세 가지(남성, 여성, 중성)이다. 헬라어 명사변화 유형은 크게 넷으로 나뉘는데(제1변화, 제2변화, 제3변화, 불규칙) 그중 제1변화 명사(어미가 -η 또는 -α)는 대개 여성명사인 반면, 제2변화 명사(어미가 -ος로 끝나는 남성명사와 -ον으로 끝나는 중성명사)는 대체로 남성(또는 중성)이다. 제3변화명사와 불규칙 명사의 경우 그때그때 성이 달라지므로 외우는 수밖에 없다.

2) 수

동사변화에서 언급한 것처럼 헬라어의 문법적 수는 셋(단수, 복수, 양수)으로 나뉜다.

① 단수 : '나' '너' '그(그녀, 그것)'

② 복수 : '우리' '너희' '그(것)들'

③ 양수(dual) : '우리 둘' '너희 둘' '그(것)들 둘'

양수는 두 사물이 쌍을 이루는 경우(두 눈, 두 손, 두 발, 양날 가위 등)에 사용된다. 하지만 성경헬라어에서는 양수가 거의 사용되지 않는다. 따라서 헬라어 초급 문법에서는 일단 양수를 제외하고 단수와 복수만을 배우기로 하자.

3) 격

① 주격(Nominative) : 문장의 주어임을 표시. 즉 '~이/가' 또는 '~은/는'을 의미.

② 소유격(Genetive) : 소유나 출신, 기원 등을 의미. 주로 '~의'로 번역됨.

③ 여격(Dative) : 주로 동사의 간접목적어를 가리키는 데 사용. 대개 '~에게' 또는 '~에'로 번역 가능함.

④ 목적격(Accusative) : 대체로 동사의 직접목적어로 사용. 즉 '~을/를'로 번역 가능함.

⑤ 호격(Vocative) : 어떤 대상을 부르는 데 사용. 즉 '~야/~여!'로 번역 가능. 대부분 단수 호격은 단수 주격과 동일하며,

복수 호격은 복수 주격과 동일함.

2. 제2변화 명사

제2변화 명사는 대부분 남성명사(혹은 중성명사)이며 단수 주격이 -ος(중성의 경우 -ov)으로 끝난다. 먼저 남성명사 ἄνθρωπος(사람)의 어형을 변화시켜 보자.

	단수	복수
주격 (~이/가)	ἄνθρωπ-ος (사람이)	ἄνθρωπ-οι (사람들이)
소유격 (~의)	ἀνθρώπ-ου (사람의)	ἀνθρώπ-ων (사람들의)
여격 (~에게)	ἀνθρώπ-ῳ (사람에게)	ἀνθρώπ-οις (사람들에게)
목적격 (~을/를)	ἄνθρωπ-ον (사람을)	ἀνθρώπ-ους (사람들을)
호격 (~야!)	ἄνθρωπ-ε (사람아!)	ἄνθρωπ-οι (사람들아!)

명사 ἄνθρωπος의 어간은 ἄνθρωπ-이며 수와 격에 따라 그 뒤에 붙는 어미가 바뀐다. 남성명사 λόγος의 변화형도 이와 유사하다.

	단수	복수
주격	λόγ-ος	λόγ-οι
소유격	λόγ-ου	λόγ-ων
여격	λόγ-ῳ	λόγ-οις
목적격	λόγ-ον	λόγ-ους
호격	λόγ-ε	λόγ-οι

여기까지의 제2변화 남성명사의 어미를 요약하면 다음과 같다.

	단수	복수
주격	-ος	-οι
소유격	-ου	-ων
여격	-ῳ	-οις
목적격	-ον	-ους
호격	-ε	-οι

한편 제2변화 중성명사 δῶρον (선물)의 변화형은 다음과 같다.

	단수	복수
주격	δῶρ-ον	δῶρ-α
소유격	δώρ-ου	δώρ-ων
여격	δώρ-ῳ	δώρ-οις
목적격	δῶρ-ον	δῶρ-α
호격	δῶρ-ον	δῶρ-α

이렇게 볼 때 제2변화 중성명사의 어미를 다음과 같은 도표로 요약할 수 있다.

	단수	복수
주격	$-ov$	$-\alpha$
소유격	$-ov$	$-\omega v$
여격	$-\omega$	$-o\iota\varsigma$
목적격	$-ov$	$-\alpha$
호격	$-ov$	$-\alpha$

여기서 주의할 점은 **중성명사의 경우 주격과 목적격이 항상 일치**한다는 점이다. 중성명사의 호격도 대체로 주격과 일치한다.

3. εἰμί 동사(영어의 be 동사)의 직설법 현재형

	단수	복수
1인칭	εἰμί (나는 ～이다)	ἐσμέν (우리는 ～이다)
2인칭	εἶ (너는 ～이다)	ἐστέ (너희는 ～이다)
3인칭	ἐστί(ν) (그, 그녀는 ～이다)	εἰσί(ν) (그들은 ～이다)

εἶ를 제외한 εἰμί 동사의 현재형은 몇 가지 예외적인 경우 외에는 일반적으로 마지막 음절의 악센트를 생략하고 사용된다.[6]

예) ὁ δὲ ἀγρός ἐστιν ὁ κόσμος (마 13:38)

그런데 εἰμί 동사의 3인칭 단수형 ἐστί는 다음과 같은 경우에 ἔστι로 사용된다.

① 문장의 맨 앞에서

② 존재나 가능성을 의미할 때

③ οὐκ이나 μή, εἰ, ὡς, καί, ἀλλά 뒤에 올 때

---

6) εἰμί 동사처럼 악센트를 생략하고 사용하는 헬라어 단어를 전접어(enclitic)라고 하는데, 전접어는 다음과 같은 경우에 악센트를 가질 수 있다.
  ① 전접어 뒤에 다른 전접어가 올 때 앞의 전접어는 악센트를 가진다. 가령 ἄνθρωπός μού ἐστιν.
  ② 2음절의 전접어는 단어 맨 끝에서 두 번째 음절(penult)에 acute 악센트가 오는 단어 뒤에 올 경우 악센트를 가진다. 가령 ὥρα ἐστίν.
  ③ 전접어가 문장 맨 앞에 올 때 악센트를 가진다. 가령 εἰσὶν γὰρ εὐνοῦχοι (마 19:12).
  ④ 대조처럼 강조의 용법으로 사용될 때 악센트를 유지한다. 가령 ἢ σοὶ ἢ πατρί σου.

4. 부정 표현

    헬라어의 부정어는 크게 οὐ와 μή로 나뉜다. οὐ는 직설법을 부정하는 표현으로 사용되는 반면, μή는 직설법 이외의 법(가정법, 명령법, 희구법, 부정사)을 부정하는 데 사용된다. 또한 일반적으로 **οὐ는 사실의 부정인 반면, μή는 의지 또는 생각의 부정**을 나타낸다.

    그런데 헬라어는 모음충돌 회피현상이 강해 οὐ 뒤에 자음이 오면 그냥 써도 무방하지만, 모음이 올 경우 자음 κ 또는 χ를 덧붙인다. 즉, 만약 οὐ 뒤에 강기식 모음이 오면 οὐχ이 되는 반면, 연기식 모음이 오면 οὐκ으로 바뀐다.

    예) οὐ λύομεν (우리는 풀지 않는다)

        οὐκ ἀκούω (나는 듣지 않는다)

        οὐχ ἑτοιμάζω (나는 준비하지 않는다)

5. 접속사

    접속사는 단어나 구, 절, 문장 등을 연결해 주는 낱말인데, 접속사에는 등위접속사('그리고' '그러나' 등)와 종속접속사('만약 ~라면' '~일 때' '왜냐하면' '~하기 위해서' 등)가 있다. 헬라어 성경에서 가장 많이 사용된 등위접속사 세 가지를 학습해 보자.

$\kappa\alpha\acute{\iota}$: '그리고' (헬라어 신약성경에 8,947번 사용)

$\delta\acute{\epsilon}$: '그리고' 또는 '그러나' (헬라어 신약성경에 2,771번 사용)[7]

$\grave{\alpha}\lambda\lambda\acute{\alpha}$: '그러나' (헬라어 신약성경에 635번 사용)

6. 몇 가지 전치사

영어의 경우 전치사 뒤에 오는 명사나 대명사가 목적격 형태를 취한다. 하지만 헬라어 전치사 뒤에 오는 명사나 대명사는 소유격, 여격, 목적격 중 한 가지 형태를 취한다. 헬라어 성경에서 가장 많이 사용된 전치사 몇 개를 먼저 공부해 보자.

$\grave{\epsilon}\nu$ (+ 여격) : '~안에' '~에' (신약성경에 2,713번 사용)

$\epsilon\grave{\iota}\varsigma$ (+목적격) : '~(안으)로' (신약성경에 1,753번 사용)

$\grave{\epsilon}\kappa$ (+소유격) : '~로부터(밖으로)' (신약성경에 915번 사용)

$\grave{\alpha}\pi\acute{o}$ (+소유격) : '~로부터' (신약성경에 645번 사용)

---

7) $\delta\acute{\epsilon}$는 후치사이기 때문에, 절이나 문장 맨 앞에 오지 못하고 항상 다른 단어 뒤에 붙는다. 또한 $\mu\acute{\epsilon}\nu$... $\delta\acute{\epsilon}$... 구문(두 대상을 비교 혹은 대조)으로 많이 사용된다.

7. 헬라어의 어순

고전 헬라어의 어순은 매우 자유로워 어순이 거의 존재하지 않는다고 할 수 있을 정도다. 반면 신약성경의 저자들은 대체로 동사 뒤에 주어를 배치시켰다.

예) βλέπει ἄνθρωπος ἀπόστολον (어떤 사람이 사도를 본다)

이처럼 동사를 문장의 맨 앞에 위치시키는 경향은 아마도 성경 히브리어의 어순(동사-주어-목적어)을 따른 듯하다. 성경 헬라어의 일반적 어순은 다음과 같다.

① 동사 + 주어 + 보어
② 동사 + 주어 + 직접목적어 + 간접목적어
③ (ὅταν, εἰ, ἐάν) + 주절 + (ἕως, ἀχρί, ἐὰν μή, ὅπου, καθῶς, ἵνα, ὅτι)

한편 소유격은 대체로 명사 뒤에서 소유를 표시한다.
예) εἰμὶ δοῦλος θεοῦ (나는 하나님의 종이다)

하지만 소유격을 명사 앞에 위치시킴으로써 강조 효과를 얻을 수 있다.

예) εἰμὶ θεοῦ δοῦλος (나는 [다른 사람의 종이 아닌] 하나님의 종이다)

마찬가지로 때로는 강조하려는 부분이 문장의 맨 앞에 오기도 한다.

예) ἀπόστολον βλέπει ἄνθρωπος (어떤 사람이 보고 있는 것은 바로 사도다)

대체로 다음과 같은 어순의 경우가 강조용법에 해당된다.

(a) 직접목적어나 간접목적어가 동사보다 앞에 위치한 경우 - 요 19:18, 요일 1:8

(b) 소유격 명사가 그것을 수식하는 명사 앞에 위치한 경우 - 고전 1:24, 갈 3:29

(c) 주어가 동사보다 앞에 위치한 경우 - 마 1:21, 요 8:45, 요 10:11

(d) 보어가 주어 또는 동사 앞에 위치한 경우 - 요일 1:5, 요 1:14

(e) 전치사구가 동사 앞에 위치한 경우 - 요 1:46, 갈 3:29

(f) 명사를 수식하는 형용사가 자신이 수식하는 명사 뒤에 올 때 - 요 10:11

(g) ὅταν, εἰ, ἐάν 절이 주절 뒤에 올 때 - 살전 3:8

(h) ἕως, ἀχρί, ἐὰν μή, ὅπου, καθῶς, ἵνα, ὅτι 절이 주절 앞에 올 때 - 요 8:45

연습문제

• 다음 단어들의 어형변화표를 작성해 보시오.

  1) 남성명사 ἄγγελος (천사)

  2) 남성명사 ἀδελφός (형제)

  3) 남성명사 ἀπόστολος (사도)

  4) 남성명사 δοῦλος (노예, 종)

  5) 중성명사 εὐαγγέλιον (복음)

• 다음 단어의 어형을 지시대로 변형시켜 보시오.

  6) 남성명사 ἁμαρτωλός(죄인)의 복수 소유격

  7) 남성명사 θάνατος(죽음)의 단수 목적격

  8) 남성명사 υἱός(아들)의 복수 여격

  9) 중성명사 τέκνον(자녀)의 복수 목적격

  10) 중성명사 ἔργον(일)의 단수 여격

• 다음 문장에서 강조되고 있는 부분을 밑줄로 표시하시오.

11) αὐτὸν ἐσταύρωσαν (요 19:18)

12) Χριστόν, θεοῦ δύναμιν καὶ θεοῦ σοφίαν (고전 1:24)

13) ἐκ Ναζαρὲτ δύναταί τι ἀγαθὸν εἶναι (요 1:46)

14) αὐτὸς γὰρ σώσει τὸν λαὸν αὐτοῦ ἀπὸ τῶν ἁμαρτιῶν αὐτῶν (마 1:21)

15) Ἐγώ εἰμι ὁ ποιμὴν ὁ καλός (요 10:11)

16) τὴν κρίσιν δέδωκεν τῷ υἱῷ (요 5:22)

• 다음 전치사 뒤에 붙는 단어의 어형을 알맞게 변화시키시오.

17) ἐν + εὐαγγέλιον (복음)

18) ἐκ + ὁδός (길)

19) εἰς + θάνατος (죽음)

20) ἀπό + ἄγγελος (천사)

제4강
제1변화 명사 및 형용사와 정관사 변화형

주요 학습내용
○ 제1변화명사 변화형을 학습한다.
○ 형용사 어형변화를 학습한다.
○ 정관사 어형변화를 학습한다.
○ 명사와 정관사의 성, 수, 격 일치를 학습한다.

Πλάτων Ἀριστοτέλης

Οὐκ ἔστιν μαθητὴς ὑπὲρ τὸν διδάσκαλον.

Ἰησοῦς

Σωκράτης

1. 제1변화 명사

헬라어의 제2변화 명사는 어미가 -ος(또는 -ον)로 끝나며 주로 남성(또는 중성)명사다. 반면 제1변화 명사는 어미가 대개 -η(또는 -α)로 끝나며 대부분 여성명사다. 몇 가지 예를 살펴보자.

	단수	복수
주격	φων–ή (소리가)	φων–αί (소리들이)
소유격	φων–ῆς (소리의)	φων–ῶν (소리들의)
여격	φων–ῇ (소리에게)	φων–αῖς (소리들에게)
목적격	φων–ήν (소리를)	φων–άς (소리들을)
호격	φων–ή (소리야!)	φων–αί (소리들아!)

	단수	복수
주격	νίκ–η (승리가)	νῖκ–αι (승리들이)
소유격	νίκ–ης (승리의)	νικ–ῶν (승리들의)
여격	νίκ–η (승리에게)	νίκ–αις (승리들에게)
목적격	νίκ–ην (승리를)	νίκ–ας (승리들을)
호격	νίκ–η (승리여!)	νῖκ–αι (승리들이여!)

그런데 어떤 명사는 어미가 -η가 아니라 -α로 끝난다. -α로 끝나는 명사는 어간이 ε, ι, ϱ로 끝나는가 그렇지 않은가에 따라 다시 두 종류로 나뉜다.

	단수	복수
주격	ἡμέϱ-α (날이)	ἡμέϱ-αι (날들이)
소유격	ἡμέϱ-ας (날의)	ἡμεϱ-ῶν (날들의)
여격	ἡμέϱ-ᾳ (날에게)	ἡμέϱ-αις (날들에게)
목적격	ἡμέϱ-αν (날을)	ἡμέϱ-ας (날들을)
호격	ἡμέϱ-α (날이여!)	ἡμέϱ-αι (날들이여!)

	단수	복수
주격	χώϱ-α (땅이)	χῶϱ-αι (땅들이)
소유격	χώϱ-ας (땅의)	χωϱ-ῶν (땅들의)
여격	χώϱ-ᾳ (땅에게)	χώϱ-αις (땅들에게)
목적격	χώϱ-αν (땅을)	χώϱ-ας (땅들을)
호격	χώϱ-α (땅이여!)	χῶϱ-αι (땅들이여!)

위의 변화표에서 볼 수 있듯이, 어미가 -α로 끝나면서 어간의 마지막 철자가 ε, ι, ϱ인 명사의 경우, 단수 변화형 어미는

-α, -ας, -ᾳ, -αν, -α가 된다. 반면 어미가 -α로 끝나지만 어간 이 ε, ι, ρ 이외의 철자로 끝나는 명사는 다음과 같이 변화한다.

	단수	복수
주격	δόξ-α (영광이)	δόξ-αι (영광들이)
소유격	δόξ-ης (영광의)	δοξ-ῶν (영광들의)
여격	δόξ-η (영광에게)	δόξ-αις (영광들에게)
목적격	δόξ-αν (영광을)	δόξ-ας (영광들을)
호격	δόξ-α (영광이여!)	δόξ-αι (영광들이여!)

	단수	복수
주격	θάλασσ-α (바다가)	θάλασσ-αι (바다들이)
소유격	θαλάσσ-ης (바다의)	θαλασσ-ῶν (바다들의)
여격	θαλάσσ-η (바다에게)	θαλάσσ-αις (바다들에게)
목적격	θάλασσ-αν (바다를)	θαλάσσ-ας (바다들을)
호격	θάλασσ-α (바다여!)	θάλασσ-αι (바다들이여!)

위의 변화표와 같이, 어미가 -α로 끝나지만 어간이 ε, ι, ρ 이외의 철자로 끝나는 명사는 단수 변화형 어미가 -α, -ης, -η, -αν, -α로 변한다. 소유격과 여격이 -ας, -ᾳ가 아니라 -ης, -η로 됨에 유의하자. 한편 모든 **제1변화명사의 복수형 어미는 언제나 -αι, -ων, -αις, -ας, -αι로 동일**하다.

거의 대부분의 제1변화명사는 어미가 -η 또는 -α로 끝나며 여성명사다. 하지만 제1변화명사 중 일부는 어미가 -ης 또는 -ας로 끝나는 남성명사다. 다음의 예를 살펴보자.

	단수	복수
주격	μαθητ-ής (학생이)	μαθητ-αί (학생들이)
소유격	μαθητ-οῦ (학생의)	μαθητ-ῶν (학생들의)
여격	μαθητ-ῇ (학생에게)	μαθητ-αῖς (학생들에게)
목적격	μαθητ-ήν (학생을)	μαθητ-άς (학생들을)
호격	μαθητ-ά (학생이여!)	μαθητ-αί (학생들이여!)

	단수	복수
주격	νεανί-ας (젊은이가)	νεανί-αι (젊은이들이)
소유격	νεανί-ου (젊은이의)	νεανι-ῶν (젊은이들의)
여격	νεανί-ᾳ (젊은이에게)	νεανί-αις (젊은이들에게)
목적격	νεανί-αν (젊은이를)	νεανί-ας (젊은이들을)
호격	νεανί-α (젊은이여!)	νεανί-αι (젊은이들이여!)

위의 변화표에서 볼 수 있듯이, 어미가 -ης로 끝나는 남성명사는 **단수 소유격을 제외한 나머지 모든 격에서 제1변화 여성명사처럼 변한다.** 다만 **단수 소유격은 제2변화 명사처럼 -ου**

로 **변한다**는 사실에 유의하자. 이와 마찬가지로 어미가 -ας인 남성명사도 단수 소유격을 제외한 나머지 모든 격에서 제1변화 여성명사처럼 변한다. 이 경우도 단수 소유격은 제2변화명사처럼 -ου로 변한다. 반면 **복수변화형은 일반적인 제1변화 여성명사의 변화형과 완전히 동일**하다.

지금까지의 내용을 요약해 보면, 제1변화 명사의 어미는 대체로 다음과 같은 형태로 나뉜다. 먼저 어미가 -η로 끝나는 형용사의 경우 어미는 다음과 같이 어형변화한다.

	단수	복수
주격	-η	-αι
소유격	-ης	-ῶν
여격	-ῃ	-αις
목적격	-ην	-ας
호격	-η	-αι

한편 어미가 -α로 끝나는 형용사는 어간이 ε, ι, ϙ로 끝나는가 그렇지 않은가에 따라 다시 두 종류로 나뉘는데, 어간 철자가 ε, ι, ϙ로 끝나는 경우 어미가 다음과 같이 어형변화한다.

	단수	복수
주격	$-\alpha$	$-\alpha\iota$
소유격	$-\alpha\varsigma$	$-\hat{\omega}\nu$
여격	$-\alpha$	$-\alpha\iota\varsigma$
목적격	$-\alpha\nu$	$-\alpha\varsigma$
호격	$-\alpha$	$-\alpha\iota$

　　반면 어미는 $-\alpha$로 끝나지만 어간이 $\varepsilon, \iota, \varrho$ 이외의 철자로 끝나는 경우 어미가 다음과 같이 어형변화한다(단수 소유격과 여격 변화에 유의할 것).

	단수	복수
주격	$-\alpha$	$-\alpha\iota$
소유격	$-\eta\varsigma$	$-\hat{\omega}\nu$
여격	$-\eta$	$-\alpha\iota\varsigma$
목적격	$-\alpha\nu$	$-\alpha\varsigma$
호격	$-\alpha$	$-\alpha\iota$

　　마지막으로 어미가 $-\eta\varsigma$ 또는 $-\alpha\varsigma$로 끝나는 남성명사의 경우, 단수 소유격만 제2변화 남성명사처럼 어미변화를 하고 그 이외의 격변화는 제1변화 여성명사처럼 변한다.

	단수	복수
주격	$-\eta\varsigma$	$-\alpha\iota$
소유격	$-ov$	$-\tilde{\omega}\nu$
여격	$-\eta$	$-\alpha\iota\varsigma$
목적격	$-\eta\nu$	$-\alpha\varsigma$
호격	$-\alpha$	$-\alpha\iota$

	단수	복수
주격	$-\alpha\varsigma$	$-\alpha\iota$
소유격	$-ov$	$-\tilde{\omega}\nu$
여격	$-\alpha$	$-\alpha\iota\varsigma$
목적격	$-\alpha\nu$	$-\alpha\varsigma$
호격	$-\alpha$	$-\alpha\iota$

2. 형용사 어형변화

형용사 어형변화도 명사 어형변화와 유사하다. 다시 말해 대부분의 형용사의 경우, 남성과 중성형은 제2변화 명사와 유사한 형태로 변화하는 반면 여성형은 제1변화 명사와 유사한 형태로 어형변화를 한다. 형용사 ἀγαθός(선한, 좋은)의 변화형을 한번 살펴보자.

	단수			복수		
	남성	여성	중성	남성	여성	중성
주격	ἀγαθ–ός	ἀγαθ–ή	ἀγαθ–όν	ἀγαθ–οί	ἀγαθ–αί	ἀγαθ–ά
소유격	ἀγαθ–οῦ	ἀγαθ–ῆς	ἀγαθ–οῦ	ἀγαθ–ῶν	ἀγαθ–ῶν	ἀγαθ–ῶν
여격	ἀγαθ–ῷ	ἀγαθ–ῇ	ἀγαθ–ῷ	ἀγαθ–οῖς	ἀγαθ–αῖς	ἀγαθ–οῖς
목적격	ἀγαθ–όν	ἀγαθ–ήν	ἀγαθ–όν	ἀγαθ–ούς	ἀγαθ–άς	ἀγαθ–ά
호격	ἀγαθ–έ	ἀγαθ–ή	ἀγαθ–όν	ἀγαθ–οί	ἀγαθ–αί	ἀγαθ–ά

위의 변화표를 보면 형용사 ἀγαθός의 어간은 ἀγαθ–이고 문장에서 담당하는 기능에 따라 어미가 변함을 알 수 있다. 특히 다음과 같은 점에 유의해야 한다.

① 남성과 중성 변화형의 어미는 제2변화 명사의 어미와 일치하고, 여성 변화형 어미는 제1변화 명사의 어미와 동일하다.

② 형용사 남성형 소유격과 여격(단수든 복수든)은 각각 중성형 소유격 및 여격과 항상 일치한다.

③ 형용사 중성형의 주격과 목적격(단수든 복수든)은 항상 일치한다.

대부분의 형용사는 ἀγαθός와 유사한 형태로 변화한다. 하지만 형용사 어간의 마지막 철자가 ε, ι, ϱ인 경우에는 여성 단수형이 다음과 같이 약간 다르게 변한다. μιϰϱ-ός(작은)의 어형변화를 살펴보자.

	단수			복수		
	남성	여성	중성	남성	여성	중성
주격	μιϰϱ-ός	μιϰϱ-ά	μιϰϱ-όν	μιϰϱ-οί	μιϰϱ-αί	μιϰϱ-ά
소유격	μιϰϱ-οῦ	μιϰϱ-ᾶς	μιϰϱ-οῦ	μιϰϱ-ῶν	μιϰϱ-ῶν	μιϰϱ-ῶν
여격	μιϰϱ-ῷ	μιϰϱ-ᾷ	μιϰϱ-ῷ	μιϰϱ-οῖς	μιϰϱ-αῖς	μιϰϱ-οῖς
목적격	μιϰϱ-όν	μιϰϱ-άν	μιϰϱ-όν	μιϰϱ-ούς	μιϰϱ-άς	μιϰϱ-ά
호격	μιϰϱ-έ	μιϰϱ-ά	μιϰϱ-όν	μιϰϱ-οί	μιϰϱ-αί	μιϰϱ-ά

위의 변화표에서 볼 수 있듯이 어간이 ε, ι, ϱ로 끝나는 형용사의 경우, 여성 단수형 어미가 -η, -ης, -ῃ, -ην, -η가 아니라 -α, -ας, -ᾳ, -αν, -α로 변한다. 복수형 어미는 그대로다.

한편 일부 형용사는 남성형과 여성형이 동일하기 때문에, 어미가 남성/여성형과 중성형의 두 가지 형태로 나뉜다. 대개 두 단어 이상이 결합해서 만들어진 복합 형용사가 이와 유사하게 변한다. ἀδύνατος(~을 할 수 없는, 불가능한)을 예로 들어보자.

	단수		복수	
	남성/여성	중성	남성/여성	중성
주격	ἀδύνατ-ος	ἀδύνατ-ον	ἀδύνατ-οι	ἀδύνατ-α
소유격	ἀδυνάτ-ου	ἀδυνάτ-ου	ἀδυνάτ-ων	ἀδυνάτ-ων
여격	ἀδυνάτ-ῳ	ἀδυνάτ-ῳ	ἀδυνάτ-οις	ἀδυνάτ-οις
목적격	ἀδύνατ-ον	ἀδύνατ-ον	ἀδυνάτ-ους	ἀδύνατ-α
호격	ἀδύνατ-ε	ἀδύνατ-ον	ἀδύνατ-οι	ἀδύνατ-α

다른 형용사의 경우와 마찬가지로 ἀδύνατος의 경우도 남성/여성형 소유격과 여격이 중성형의 소유격 및 여격과 항상 동일하며, 중성형 주격은 목적격과 동일하다. 여기까지 1, 2변화 형용사 변화형의 어미를 요약해보자.

먼저 어간의 철자가 ε, ι, ϱ 이외의 글자로 끝나는 경우 형용사 어미는 다음과 같다(남성이나 중성 변화형은 제2변화 명사의 어미와 동일하고, 여성 변화형은 제1변화 명사 어미와 동일).

	단수			복수		
	남성	여성	중성	남성	여성	중성
주격	-ος	-η	-ον	-οι	-αι	-α
소유격	-ου	-ης	-ου	-ων	-ων	-ων
여격	-ῳ	-ῃ	-ῳ	-οις	-αις	-οις
목적격	-ον	-ην	-ον	-ους	-ας	-α
호격	-ε	-η	-ον	-οι	-αι	-α

한편 어간 철자가 ε, ι, ϱ로 끝나는 경우 형용사 어미는 다음과 같다(여성 단수 변화형에 유의).

	단수			복수		
	남성	여성	중성	남성	여성	중성
주격	-ος	-α	-ον	-οι	-αι	-α
소유격	-ου	-ας	-ου	-ων	-ων	-ων
여격	-ῳ	-ᾳ	-ῳ	-οις	-αις	-οις
목적격	-ον	-αν	-ον	-ους	-ας	-α
호격	-ε	-α	-ον	-οι	-αι	-α

마지막으로 복합형용사는 다음과 같이 어미변화를 한다 (남성과 여성 변화형이 동일함을 유의).

	단수		복수	
	남성/여성	중성	남성/여성	중성
주격	$-o\varsigma$	$-ov$	$-o\iota$	$-\alpha$
소유격	$-ov$	$-ov$	$-\omega v$	$-\omega v$
여격	$-\omega$	$-\omega$	$-o\iota\varsigma$	$-o\iota\varsigma$
목적격	$-ov$	$-ov$	$-ov\varsigma$	$-\alpha$
호격	$-\varepsilon$	$-ov$	$-o\iota$	$-\alpha$

3. 정관사

헬라어는 명사, 형용사, 대명사뿐만 아니라 정관사(영어의 the)도 성, 수, 격에 따라 어형이 변한다. 정관사의 어형변화표는 다음과 같다.

	단수			복수		
	남성	여성	중성	남성	여성	중성
주격	ὁ	ἡ	τό	οἱ	αἱ	τά
소유격	τοῦ	τῆς	τοῦ	τῶν	τῶν	τῶν
여격	τῷ	τῇ	τῷ	τοῖς	ταῖς	τοῖς
목적격	τόν	τήν	τό	τούς	τάς	τά

위의 변화표에서는 다음과 같은 점을 주의해야 한다.

① 헬라어에는 정관사만 존재한다. 부정관사는 없다.

② 정관사에는 호격이 불필요하다.

③ 남성과 여성 정관사의 주격 이외의 격들 및 중성형 정관사에는 맨 앞에 τ가 붙는다.

④ **정관사 중성형(단수, 복수 모두)의 소유격과 여격은 항상 남성형 소유격 및 여격과 일치한다.**

⑤ **정관사 중성형은 단수든 복수든 항상 주격과 목적격이 동일하다.**

⑥ 정관사의 복수형 소유격 형태는 남성이든 여성이든 중성이든 모두 τῶν이다.

이처럼 형태가 동일한 경우가 있기 때문에 정관사의 성, 수, 격이 무엇인지 문맥을 통해 구별해야 한다. 이제 정관사를 배웠으므로 앞으로는 명사 앞에 정관사를 붙여 암기하도록 하자.

예) ὁ ἄνθρωπος, ἡ καρδία, τὸ τέκνον.

연습문제

• 다음 단어의 어형 변화표를 그리시오.

1) ἡ ψυχή (영혼)

2) ἡ ἀγάπη (사랑)

3) ἡ εἰρήνη (평화)

4) ἡ χαρά (기쁨)

5) ἡ γλῶσσα (혀, 언어)

6) ἡ καρδία (심장, 마음)

7) ἡ σοφία (지혜)

8) ὁ πολίτης (시민)

9) ὁ κριτής (재판관)

10) ὁ τελώνης (세리)

• 다음 명사와 성, 수, 격이 일치하도록 정관사 어형을 변화시키
시오.

11) (   ) οἰκίαν

12) (   ) πετρῶν

13) (   ) γῆς

14) (   ) πληγαῖς

15) (   ) ἐκκλησίαι

• 다음 형용사의 어형변화표를 그리시오.

16) καλός (선한, 아름다운)

17) σοφός (현명한)

18) ἄξιος (가치 있는)

19) δίκαιος (정의로운)

20) ἄπιστος (믿지 않는)

제5강
미완료(Imperfect)와
부정과거(Aorist) 직설법 능동태

주요 학습내용

- 헬라어 동사의 직설법 능동태 미완료시제와 부정과거시제의 어형변화와 의미에 관해 학습한다.
- εἰμί 동사의 미완료 직설법 능동태 어형변화에 대해 학습한다.
- 정관사와 형용사의 위치에 따른 의미변화에 관해 학습한다.
- 헬라어 전치사의 용법과 의미에 관해 학습한다.

1. 미완료와 부정과거 직설법 능동태 어형변화

제2강에서 살펴본 바와 같이 헬라어 시제 중 과거에 해당하는 것은 부정과거시제(Aorist)와 미완료시제(Imperfect) 그리고 과거완료시제(Pluperfect)다. 이번 강에서는 부정과거(Aorist)와 미완료(Imperfect)에 대해 공부해 보자.

'부정과거'란 과거에 어떤 사건이 일어났음을 단순 기술하는 것이다. 즉 부정과거시제는 과거의 어떤 사건을 **시간그래프 위의 한 시점**으로 간주한다. 반면 미완료시제는 어떤 동작 혹은 행위가 **과거에 반복적, 계속적으로 발생했거나 진행 중**이었음을 가리킨다.

미완료와 부정과거의 상세한 용법에 관해 논의하기에 앞서 먼저 어형변화가 어떻게 다른지 살펴보자. λύω 동사의 미완료와 부정과거 직설법 능동태 변화형은 다음과 같다.

		미완료	부정과거
단수	1인칭(내가)	ἔ−λυ−ον (내가 풀고 있었다)	ἔ−λυ−σα (내가 풀었다)
	2인칭(네가)	ἔ−λυ−ες (네가 풀고 있었다)	ἔ−λυ−σας (네가 풀었다)
	3인칭(그가)	ἔ−λυ−ε(ν) (그가 풀고 있었다)	ἔ−λυ−σε(ν) (그가 풀었다)

복수	1인칭(우리가)	ἐ–λύ–ομεν (우리가 풀고 있었다)	ἐ–λύ–σαμεν (우리가 풀었다)
	2인칭(너희가)	ἐ–λύ–ετε (너희가 풀고 있었다)	ἐ–λύ–σατε (너희가 풀었다)
	3인칭(그들이)	ἔ–λυ–ον (그들이 풀고 있었다)	ἔ–λυ–σαν (그들이 풀었다)

위의 변화표를 보면 어간 λυ에 접두모음 ἐ와 어미가 붙어서 시상(時相)을 나타내 주고 있음을 알 수 있다. 특히 접두모음 ἐ 는 과거시제임을 가리킨다. 한편 미완료시제의 경우 동사 어간 뒤에 곧바로 어미 -ον, -ες, ε(ν), -ομεν, -ετε, -ον이 붙는 반면, 부정과거의 경우에는 어미 앞부분에 σ가 붙는 점이 미완료 시제와 다르다. 일반적으로 **미래시제와 부정과거시제의 경우 동사의 어간과 어미 사이에 σ가 첨가된다**는 사실에 유의하자.

그런데 이처럼 부정과거시제 동사에는 어간과 어미 사이에 σ가 첨가되기 때문에 미래시제의 경우처럼 발음상의 문제로 σ 앞에 오는 철자에 따라 σ가 다음과 같이 바뀐다.

① γ, κ, σκ, χ, σσ(ττ) + σ = ξ

② β, π, ππ, φ + σ = ψ

③ ζ, δ, θ, τ + σ = σ (앞의 철자는 생략)

가령 다음과 같은 예를 들 수 있다.

현재 직설법 능동태	미래 직설법 능동태	부정과거 직설법 능동태
κηρύσσω (나는 말씀을 전한다)	κηρύξω (나는 말씀을 전할 것이다)	ἐκήρυξα (나는 말씀을 전했다)
βλέπω (나는 본다)	βλέψω (나는 볼 것이다)	ἔβλεψα (나는 보았다)
πείθω (나는 설득한다)	πείσω (나는 설득할 것이다)	ἔπεισα (나는 설득했다)

한편 미완료와 부정과거시제를 표현할 때 동사 어간 앞에 접두모음 ἐ를 첨가시키는 것이 일반적이지만, 어간이 모음으로 시작할 때에는 모음을 장모음으로 길게 늘임으로써 모음충돌 현상을 피한다. 접두모음과 관련한 원칙은 다음과 같이 요약할 수 있다.

① 동사의 어간이 자음으로 시작하는 경우, 어간 앞에 그냥 접두모음 ἐ를 첨가하면 된다.

② 동사의 어간이 단모음으로 시작하는 경우, 과거시제가 될 때 모음을 장모음으로 바꾼다.

예) ἀκού-ω(나는 듣는다)의 부정과거형태는 ἤκου-σα(나는 들었다)이며, ἔχ-ω(나는 가진다)의 미완료형태는 ἤχ-ον(나는 가지고 있었다)이 된다.

③ 동사 어간이 장모음이나 이중모음으로 시작할 경우, 과거 시제가 될 때 접두모음 ἐ가 어간의 모음에 흡수되어 장모음 혹은 이중모음이 그대로 유지된다.

　예) εἰρηνεύ–ω(나는 화평하게 하다)의 미완료과거 형태는
　　εἰρήνευ–ον(나는 화평하게 하고 있었다)이다.

2. 제1부정과거와 제2부정과거

　대부분의 헬라어 동사는 〈접두모음 ἐ +어간 +어미(-σα,
-σας, -σε, -σαμεν, -σατε, -σαν)〉 형식으로 부정과거시
제를 만들 수 있다. 이러한 형태의 부정과거 변화형이 바로 제
1부정과거다. 하지만 일부 동사는 부정과거시제로 변화할 때
동사의 어간 자체가 바뀌는데, 이러한 부정과거 변화형을 제
2부정과거라고 한다. 동사 λείπω(나는 떠난다, 나는 남긴다)
의 예를 들어 제2부정과거 변화형에 대해 살펴보자.

		미완료 (Imperfect)	제2부정과거 (2nd Aorist)
단수	1인칭(내가)	ἔ-λειπ-ον (나는 떠나고 있었다)	ἔ-λιπ-ον (나는 떠났다)
	2인칭(네가)	ἔ-λειπ-ες (너는 떠나고 있었다)	ἔ-λιπ-ες (너는 떠났다)
	3인칭(그가)	ἔ-λειπ-ε(ν) (그는 떠나고 있었다)	ἔ-λιπ-ε(ν) (그는 떠났다)
복수	1인칭(우리가)	ἐ-λείπ-ομεν (우리는 떠나고 있었다)	ἐ-λίπ-ομεν (우리는 떠났다)
	2인칭(너희가)	ἐ-λείπ-ετε (너희는 떠나고 있었다)	ἐ-λίπ-ετε (너희는 떠났다)
	3인칭(그들이)	ἔ-λειπ-ον (그들은 떠나고 있었다)	ἔ-λιπ-ον (그들은 떠났다)

위의 변화표를 보면 동사 λείπω의 어간은 본래 λειπ-이지만 제2부정과거형태가 될 때는 어간이 λιπ-로 바뀌며, **어간에 일반적인 부정과거시제 어미(-σα, -σας, -σε, -σαμεν, -σατε, -σαν)가 아니라 미완료시제 어미(-ον, -ες, -ε, -ομεν, -ετε, -ον)가 붙음**을 알 수 있다. 제2부정과거형이 될 때 동사의 어간이 어떻게 변하는가에 대해서는 일반적인 원칙이 없기 때문에 동사가 나올 때마다 외워야 한다. 제2부정과거 동사의 예를 몇 가지 더 살펴보자.

현재	제2부정과거
ἁμαρτάν-ω (나는 죄를 저지른다)	ἥμαρτ-ον (나는 죄를 저질렀다)
εὑρίσκ-ω (나는 발견한다)	εὗρ-ον (나는 발견했다)
λαμβάν-ω (나는 취한다)	ἔ-λαβ-ον (나는 취했다)
μανθάν-ω (나는 배운다)	ἔ-μαθ-ον (나는 배웠다)
πάσχ-ω (나는 겪는다)	ἔ-παθ-ον (나는 겪었다)
πίν-ω (나는 마신다)	ἔ-πι-ον (나는 마셨다)
πίπτ-ω (나는 넘어진다)	ἔ-πεσ-ον (나는 넘어졌다)
φεύγ-ω (나는 도망친다)	ἔ-φυγ-ον (나는 도망쳤다)

3. 미완료와 부정과거시제의 의미와 용법

1) 미완료시제의 의미

미완료시제(선적 시제)는 대체로 다음과 같은 의미로 사용된다.

① 과거에 진행 중이었거나 연속적인 행위.
  예) 먹고 있었다.
② 과거의 습관적인 행위.
  예) 먹곤 했다.
③ 과거의 반복적 행위.
  예) 계속 먹고 또 먹었다.
④ 과거에 어떤 행위를 시도함(Conative imperfect).
  예) 먹으려고 (시도)했다.

ὁ δὲ Ἰησοῦς ἔλεγεν (눅 23:34)

ἔτυπτον εἰς τὴν κεφαλὴν αὐτοῦ (마 27:30)

2) 부정과거시제의 의미

성경에는 부정과거시제가 미완료시제보다 훨씬 자주 사용된다(신약성경에 사용된 과거시제 중 대략 80% 정도가 부정과거). 따라서 부정과거 이외의 시제가 사용되었을 경우 어떤 의미인지 주의할 필요가 있다.

부정과거시제(점적 시제)는 대체로 다음과 같은 의미로 사용된다.

① 과거에 어떤 행위를 시작함(Ingressive aorist).

예) 먹기 시작했다.

② 과거에 어떤 행위가 끝남(Resultative aorist).

예) 먹기를 마쳤다.

③ 과거 어떤 행위의 시작부터 끝까지를 하나의 사건으로 기술(Complexive aorist).

예) 먹었다.

4. εἰμί 동사의 미완료 직설법 능동태

εἰμί 동사의 미완료 직설법 능동태 어형변화는 다음과 같다.

	단수	복수
1인칭	ἤμην (I was)	ἦμεν (We were)
2인칭	ἦς (You were)	ἦτε (You were)
3인칭	ἦν (He/She was)	ἦσαν (They were)

εἰμί 동사는 단어의 특성상 진행 혹은 지속을 의미하기 때문에, 부정과거나 완료시제 변화형이 존재하지 않음에 유의해야 한다.

5. 형용사의 위치와 의미

헬라어 형용사는 크게 세 가지 용법으로 사용된다.

① 수식적 용법 : 명사를 수식하는 용법

예) ὁ ἀγαθὸς ἄνθρωπος (좋은 사람)

여기서 형용사 ἀγαθὸς는 정관사 ὁ와 명사 ἄνθρωπος 사이에 위치하는데, 이처럼 형용사가 정관사와 명사 사이에 위치하는 것을 수식적 위치라고 하며, **형용사가** 이처럼 **관사와 명사 사이에 위치할 때 명사를 수식**하는 기능을 담당한다. 그런데 수식적 용법의 형용사가 강조될 때 명사 뒤에 위치할 수 있다. 이 경우 관사를 첨가해 다음과 같이 쓴다.

ὁ ἄνθρωπος ὁ **ἀγαθός**

이 경우 형용사 ἀγαθός가 강조되고 있다(**정말로 선한** 사람). 요한복음 10:11의 ὁ ποιμὴν ὁ καλός(**선한** 목자)도 이와 동일한 구문이다.

② 서술적 용법 : 형용사가 보어로 사용됨
형용사가 관사와 명사 사이에 위치한 것이 아니라 〈관사+명사〉구에서 이탈해 따로 위치하는 것을 '서술적 위치'라고 하며, 이처럼 **형용사가 〈관사+명사〉구 밖에 위치할 때 문장에서 보어로 사용**된다.
예) ὁ ἄνθρωπος ἀγαθός 또는 ἀγαθὸς ὁ ἄνθρωπος
(그 사람은 선하다.)

이 경우 형용사 ἀγαθός가 〈관사+명사〉구(ὁ ἄνθρωπος) 밖에 위치하기 때문에 '선한 사람'이 아니라 '그 사람은 선하다'로 해석해야 한다. 로마서 7:12의 ὁ νόμος ἅγιος, ἡ ἐντολὴ ἁγία(율법도 거룩하며 계명도 거룩하며)도 이와 동일한 구문이다.

이처럼 형용사가 서술적 용법으로 사용될 때, 주어와 보어 사이에 εἰμί 동사(영어의 be동사)가 생략된 것으로 볼 수 있다.

예) ἀγαθὸς (ἐστιν) ὁ ἄνθρωπος.

고전헬라어는 성, 수, 격의 일치가 매우 엄격하게 지켜지는 언어이므로 일반적으로 εἰμί 동사를 생략하는 경향이 있다. 하지만 신약성경의 저자들은 많은 경우 εἰμί 동사를 생략하지 않고 그대로 사용했다.

③ 명사적 용법 : 관사+형용사가 명사처럼 사용되는 경우

헬라어에서는 〈관사+형용사+명사〉 구문 중 명사를 생략하고 〈관사+형용사〉로 사용하는 경우가 종종 있다. 이런 경우는 뒤에 나올 명사가 충분히 예측 가능한 관용적 경우이다. 가령 ὁ ἀγαθὸς ἄνθρωπος는 대개 명사 ἄνθρωπος를 생략하고 ὁ ἀγαθός라고 쓰며, 마태복음 13:19의 ὁ πονηρός(악한 자)도 본래는 ὁ πονηρὸς ἄνθρωπος였다.

6. 전치사

위치를 표현하는 헬라어 전치사의 용법을 다음과 같은 도표로 요약할 수 있다.

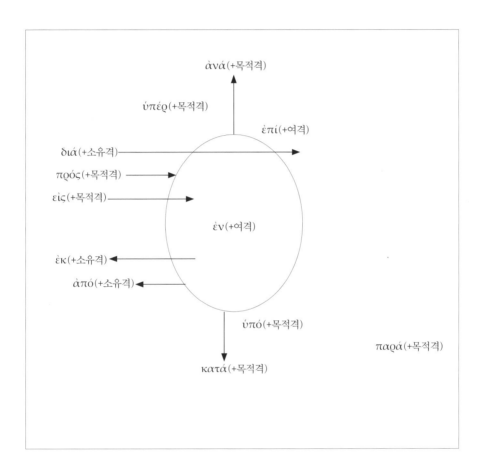

• 주요한 전치사들의 의미

ἐπί + 여격 : ~ 위에

διά + 소유격 : ~을 통해서

    + 목적격 : ~때문에

κατά + 소유격 : ~에 대항해서

    + 목적격 : ~에 따르면

μετά + 소유격 : ~와 함께

    + 목적격 : ~뒤에

παρά + 소유격 : ~로부터

    + 목적격 : ~주변에, ~에 반하여

περί + 소유격 : ~에 관하여

    + 목적격 : ~주변에

ὑπέρ + 소유격 : ~을 위해서

    + 목적격 : ~ 위에

ὑπό + 소유격 : ~에 의하여

    + 목적격 : ~ 아래

연습문제

• 다음 동사들의 미완료와 부정과거 변화표를 그려 보시오.

1) $\lambda\alpha\mu\beta\acute{\alpha}\nu-\omega$ (나는 취한다)

2) $\beta\lambda\acute{\epsilon}\pi-\omega$ (나는 본다)

3) $\pi\epsilon\acute{\iota}\theta-\omega$ (나는 설득한다)

4) $\pi\acute{\iota}\pi\tau-\omega$ (나는 넘어진다)

5) $\pi\acute{\alpha}\sigma\chi-\omega$ (나는 겪는다)

• 다음 표현들의 의미를 해석해 보자.

6) $o\acute{\iota}\ \acute{\alpha}\gamma\alpha\theta o\acute{\iota}$

7) $\alpha\acute{\iota}\ \acute{\alpha}\gamma\alpha\theta\alpha\acute{\iota}$

8) $\tau\grave{o}\ \acute{\alpha}\gamma\alpha\theta\acute{o}\nu$

9) $\tau\grave{\alpha}\ \acute{\alpha}\gamma\alpha\theta\acute{\alpha}$

• 다음 구절에서 진하게 표시한 형용사의 의미를 해석하시오.

10) ἐπέπεσεν τὸ πνεῦμα τὸ **ἅγιον** ἐπ᾽ αὐτούς (행 11:15)

11) **μακάριοι** οἱ εἰρηνοποιοί (마 5:9)

12) ἡ **τελεία** ἀγάπη ἔξω βάλλει τὸν φόβον (요일 4:18)

13) ἐν τούτῳ **φανερά** ἐστιν τὰ τέκνα τοῦ θεοῦ (요일 3:10)

14) ἡ πίστις χωρὶς ἔργων **νεκρά** ἐστιν (약 2:26)

• 다음 문장 중 진하게 표시된 동사의 의미를 해석하시오.

15) **Ἠκούσατε** γὰρ τὴν ἐμὴν ἀναστροφήν ποτε ἐν τῷ Ἰουδαισμῷ, ὅτι καθ᾽ ὑπερβολὴν **ἐδίωκον** τὴν ἐκκλησίαν τοῦ θεοῦ καὶ **ἐπόρθουν** αὐτήν, καὶ **προέκοπτον** ἐν τῷ Ἰουδαισμῷ ὑπὲρ πολλοὺς συνηλικιώτας ἐν τῷ γένει μου. (갈 1:13–14)

• 다음 전치사의 의미를 해석하시오.

16) **κατὰ** τὴν παράδοσιν τῶν πρεσβυτέρων (막 7:5)

17) οὐ γάρ ἐστε **ὑπὸ** νόμον ἀλλὰ **ὑπὸ** χάριν (롬 6:14)

18) τὸ ὄνομα τὸ **ὑπὲρ** πᾶν ὄνομα (빌 2:9)

19) ἄλλο ἔπεσεν **ἐπὶ** τὸ πετρῶδες (막 4:5)

20) **μετὰ** ταῦτα ἦν ἑορτὴ τῶν Ἰουδαίων (요 5:1)

제6강
대명사(인칭대명사, 지시대명사, 의문대명사, 부정대명사, 관계대명사, 재귀대명사, 상호대명사)

주요 학습내용
○ 헬라어 대명사의 종류(인칭대명사, 지시대명사, 관계대명사 등)에 관해 학습한다. ○ 다양한 헬라어 대명사의 어형변화와 의미, 기능에 관해 학습한다.

1. 인칭대명사

헬라어 명사와 마찬가지로 대명사도 세 개의 인칭(1, 2, 3인칭)으로 나뉜다. 1인칭 대명사의 주격 단수형은 ἐγώ(내가)이고 2인칭 대명사의 주격 단수형은 σύ(네가)이며 3인칭 대명사의 주격 단수형은 αὐτός(그가)이다. ἐγώ의 어형변화는 다음과 같다.

	단수	복수
주격 (~이/가, ~은/는)	ἐγώ (나는)	ἡμεῖς (우리들은)
소유격 (~의, ~로부터)	ἐμοῦ 또는 μου (나의)	ἡμῶν (우리들의)
여격 (~에게, ~에)	ἐμοί 또는 μοι (나에게)	ἡμῖν (우리들에게)
목적격 (~을/를)	ἐμέ 또는 με (나를)	ἡμᾶς (우리들을)

ἐγώ의 어형변화와 관련해서 두 가지 점에 주의하자.

① 1인칭은 화자 자신이므로 호격이 존재하지 않는다.
② 1인칭 대명사의 소유격, 여격, 목적격(ἐμοῦ, ἐμοί, ἐμέ)은 강조형인 반면, μου, μοι, με는 전접어(enclitic)이므로 악센트를 가지지 않는다.

다음으로 σύ의 어형변화표는 다음과 같다.

	단수	복수
주격	σύ (너는)	ὑμεῖς (너희들은)
소유격	σοῦ 또는 σου (너의)	ὑμῶν (너희들의)
여격	σοί 또는 σοι (너에게)	ὑμῖν (너희들에게)
목적격	σέ 또는 σε (너를)	ὑμᾶς (너희들을)
호격	σύ (너!)	ὑμεῖς (너희들아!)

σύ의 어형변화와 관련해서 다음 사실에 주목하자.

① 2인칭 대명사의 주격과 호격은 동일하다(σύ).
② 2인칭 대명사의 소유격과 여격, 목적격(σοῦ, σοί, σέ)은 강조형인 반면, σου와 σοι, σε는 전접어이므로 악센트를 가지지 않는다.

한편 3인칭 대명사 αὐτός의 변화형은 다음과 같다.

	단수		
	남성형	여성형	중성형
주격	αὐτός (그는)	αὐτή (그녀는)	αὐτό (그것은)
소유격	αὐτοῦ (그의)	αὐτῆς (그녀의)	αὐτοῦ (그것의)
여격	αὐτῷ (그에게)	αὐτῇ (그녀에게)	αὐτῷ (그것에게)
목적격	αὐτόν (그를)	αὐτήν (그녀를)	αὐτό (그것을)

	복수		
	남성형	여성형	중성형
주격	αὐτοί (그들은)	αὐταί (그녀들은)	αὐτά (그것들은)
소유격	αὐτῶν (그들의)	αὐτῶν (그녀들의)	αὐτῶν (그것들의)
여격	αὐτοῖς (그들에게)	αὐταῖς (그녀들에게)	αὐτοῖς (그것들에게)
목적격	αὐτούς (그들을)	αὐτάς (그녀들을)	αὐτά (그것들을)

형용사의 격변화와 마찬가지로 3인칭 대명사 αὐτός의 어형
변화에 있어서도 중성 단·복수의 주격과 목적격은 형태가 동
일하며,[8] 중성 단·복수의 소유격과 여격은 각각 남성 소유격
및 여격과 동일하다. 한편 3인칭 대명사 αὐτός는 호격 변화형
을 가지지 않는다.

---

8) 형용사 ἀγαθός의 어형변화를 참고할 것.

1) 인칭대명사의 주요한 용법

인칭대명사는 대체로 앞에 나온 명사를 대신해서 사용된다.

　예) βλέπω **τὸν κύριον** καὶ γινώσκω *αὐτόν*.

그런데 인칭대명사는 앞에 나온 명사와 성과 수가 일치해야 하지만, 격은 다를 수도 있다.

　예) βλέπω **τὸν κύριον** καὶ πιστεύω ἐν *αὐτῷ*.

또한 헬라어 동사 어미에는 이미 인칭이 구분되어 있으므로, 1인칭이나 2인칭 대명사 주격은 일반적으로 생략된다. 그럼에도 불구하고 1인칭이나 2인칭 대명사 주격을 사용할 경우 주어를 강조하기 위해서다.

　예) *ἐγὼ* δὲ λέγω ὑμῖν (내 자신이 너희들에게 말한다 – 마 5:22)

　　ἐγὼ αὐτὸς ἄνθρωπός εἰμι (나 자신도 사람이다 – 행 10:26)

소유격 형태의 인칭대명사는 주로 소유를 나타내는 데 사용된다. 이 경우 1, 2인칭 대명사 단수 소유격, 여격, 목적격은 전접어 형태로 사용된다. 다음의 예를 살펴보자.

ὁ λόγος **μου** (나의 말씀)

ὁ οἶκος **σου** (너의 집)

ὁ κύριος **ἡμῶν** (우리들의 주인)

ὁ δοῦλος **αὐτοῦ** (그의 종)

ἡ μαρτυρία **αὐτῆς** (그녀의 증언)

ἡ ἁμαρτία **αὐτῶν** (그들의 죄)[9]

하지만 1, 2인칭 대명사 소유격, 여격, 목적격이 악센트를 가지지 않는 전치사 뒤에 위치할 때에는 강조형태로 사용된다.

예) ἀπ᾽ ἐμοῦ (나로부터)[10]

　　 ἐκ σοῦ (네 안으로부터)

　　 ἐν ἐμοί (내 안에)

반면 πρὸς με (나에게로)

---

9) 헬라어에서는 소유를 나타낼 때 대체로 인칭대명사의 소유격(μου, σου, αὐτοῦ 등)을 사용하지만, 때로는 소유대명사(소유형용사)를 사용하기도 한다. 헬라어 소유형용사에는 ἐμός(나의), σός(너의), ἴδιος(그의), ἡμέτερος(우리의), ὑμέτερος(너희의), σφέτερος(그들의)가 있는데, 형용사 ἀγαθός와 동일한 방식으로 어형변화를 하며, 형용사의 수식적 위치에 놓여서 쓰인다. 가령 ὁ ἐμός λόγος 또는 ὁ λόγος ὁ ἐμὸς (나의 말씀).

10) ἀπ᾽의 본래 형태는 ἀπὸ였으나 모음충돌을 회피하기 위해 모음 o가 생략되었고, 모음이 생략되었음을 표시하기 위해 o 자리에 ᾽ 표시를 했다. 이런 현상을 모음탈락(elision)이라고 한다.

2) 3인칭 대명사 αὐτός의 특수용법

① 수식적 위치에 위치할 때(형용사적 용법) : αὐτός가 **관사와 명사 가운데 위치할 때**(즉 형용사의 수식적 용법)는 '**동일한**' '**같은**'을 의미한다. 대명사 αὐτός와 형용사 ἀγαθός의 수식적 용법을 비교해 보자.

(a) ὁ ἀγαθὸς ἀπόστολος (선한 사도)

ὁ **αὐτὸς** ἀπόστολος (**동일한** 사도)

(b) ὁ ἀπόστολος ὁ ἀγαθός (정말로 선한 사도)

ὁ ἀπόστολος **ὁ αὐτός** (정말로 **동일한** 사도)

(c) βλέπω τὸν ἀγαθὸν ἀπόστολον (나는 선한 사도를 본다)

βλέπω **τὸν αὐτὸν** ἀπόστολον (나는 **동일한** 사도를 본다)

② 서술적 위치에 위치할 때(강조용법) : αὐτός가 〈**관사+명사**〉 **구 밖에 위치할 때**(즉 형용사의 서술적 용법)는 '**~ 자신**' 혹은 '**~ 자체**'를 의미한다. 대명사 αὐτός와 형용사 ἀγαθός의 서술적 용법을 비교해 보자.

(a) ὁ ἀπόστολος ἀγαθός (그 사도는 선하다)

ὁ ἀπόστολος **αὐτός** (사도 **자신**)

(b) ἀγαθὸς ὁ ἀπόστολος (그 사도는 진짜로 선하다)

ἀυτὸς ὁ ἀπόστολος (사도 **자신**)

③ 한편 αὐτός가 다른 대명사와 함께 사용되거나 3인칭 동사의 주어로 사용되어 '~ 자신' 혹은 '~ 자체'를 의미할 수도 있다.

(a) αὐτὸς ἐγὼ λέγω 또는 αὐτὸς λέγω (나 자신이 말한다)

(b) αὐτὸς σὺ λέγεις 또는 αὐτὸς λέγεις (너 자신이 말한다)

(c) αὐτὸς λέγει (그 자신이 말한다)

(d) αὐτὴ λέγει (그녀 자신이 말한다)

(e) αὐτοὶ ἡμεῖς λέγομεν 또는 αὐτοὶ λέγομεν (우리 자신이 말한다)

2. 지시대명사

1) οὗτος와 ἐκεῖνος

영어의 지시대명사 this('이 사람' '이것')와 that('저 사람' '저것')에 해당하는 헬라어 지시대명사는 각각 οὗτος와 ἐκεῖνος이다. οὗτος는 화자와 가까운 대상을 가리키는 반면,

ἐκεῖνος는 화자로부터 상대적으로 멀리 떨어진 대상을 지칭한
다. 먼저 οὗτος('이 사람' 혹은 '이것')의 어형변화를 살펴보자.

	단수			복수		
	남성	여성	중성	남성	여성	중성
주격	οὗτος	αὕτη	τοῦτο	οὗτοι	αὗται	ταῦτα
소유격	τούτου	ταύτης	τούτου	τούτων	τούτων	τούτων
여격	τούτῳ	ταύτῃ	τούτῳ	τούτοις	ταύταις	τούτοις
목적격	τοῦτον	ταύτην	τοῦτο	τούτους	ταύτας	ταῦτα

위의 변화표에서 다음과 같은 점에 유의해야 한다.

① 지시대명사 οὗτος는 남성과 여성 단수와 복수 주격 형태
(οὗτος, αὕτη, οὗτοι, αὗται)를 제외한 나머지 모든 격변화에
서 단어 맨 앞에 τ가 첨가된다.
② 형용사 변화와 마찬가지로 중성 단·복수의 주격과 목적
격 형태는 동일하다.
③ 중성 단·복수 소유격과 여격은 각각 남성 단·복수 소유
격 및 여격 형태와 동일하다.
④ 복수 소유격은 남성, 여성, 중성 모두 τούτων으로 형태가
동일하다.
⑤ 지시대명사에는 호격 형태가 존재하지 않는다.

다음으로 ἐκεῖνος('저 사람' '저것')의 어형변화를 살펴보자.

	단수			복수		
	남성	여성	중성	남성	여성	중성
주격	ἐκεῖνος	ἐκείνη	ἐκεῖνο	ἐκεῖνοι	ἐκεῖναι	ἐκεῖνα
소유격	ἐκείνου	ἐκείνης	ἐκείνου	ἐκείνων	ἐκείνων	ἐκείνων
여격	ἐκείνῳ	ἐκείνη	ἐκείνῳ	ἐκείνοις	ἐκείναις	ἐκείνοις
목적격	ἐκεῖνον	ἐκείνην	ἐκεῖνο	ἐκείνους	ἐκείνας	ἐκεῖνα

ἐκεῖνος의 변화형과 관련해서도 다음과 같은 점을 주의해야 한다.

① οὗτος의 경우와 마찬가지로 ἐκεῖνος의 어형변화에 있어서도 중성 단·복수의 주격과 목적격 형태는 동일하다.

② 중성 단·복수 소유격과 여격은 각각 남성 단·복수 소유격 및 여격 형태와 동일하다.

② 복수 소유격은 남성, 여성, 중성 모두 ἐκείνων으로 형태가 동일하다.

③ ἐκεῖνος도 지시대명사이므로 호격 형태가 존재하지 않는다.

2) 지시대명사의 용법

헬라어 지시대명사의 주요한 용법은 크게 세 가지다.

① 명사 수식 : 헬라어 지시대명사는 마치 지시형용사처럼 명사를 수식하는 용법으로 사용될 수 있다. 이 경우 지시대명사는 명사와 성, 수, 격에 있어서 일치하게 되며, 형용사의 서술적 위치에 놓인다.

예) οὗτος ὁ ἄνθρωπος 혹은 ὁ ἄνθρωπος οὗτος.

다음의 예를 살펴보자.

βλέπω **τοῦτον** τὸν ἄνθρωπον. (나는 **이 사람**을 본다)
βλέπω **ἐκεῖνον** τὸν ἄνθρωπον. (나는 **저 사람**을 본다)
λέγω **τούτοις** τοῖς ἀνθρώποις. (나는 **이 사람들**에게 말한다)

② 지시대명사 οὗτος와 ἐκεῖνος가 명사를 수식하지 않고 독립적으로 지시대명사로 사용되기도 한다. 이 경우 οὗτος는 '이 사람' 또는 '이것'을 뜻하는 반면, ἐκεῖνος는 '저 사람' 또는 '저것'을 의미한다. 다음의 두 문장을 비교해 보자.

(a) **ἐκεῖνος** κλέπτης ἐστὶν καὶ λῃστής. (**저 사람**은 도둑이고 강도다 – 요 10:1)

(b) **ἐκεῖνος ὁ κλέπτης** ἐστὶν καὶ λῃστής. (**저 도둑**은 강도이기도 하다)

(b)에서 ἐκεῖνος는 서술적 위치에 놓임으로써 ὁ κλέπτης를 수식하고 있다. 반면 (a)를 보면, κλέπτης에 정관사가 붙어있지 않다. 따라서 이 경우에는 κλέπτης가 주어가 아니라 보어로 사용되고 있으며, ἐκεῖνος는 독립적으로 사용되어 '저 사람'을 의미한다고 보아야 한다.

③ 한편 οὗτος와 ἐκεῖνος는 앞서 언급된 사람이나 대상을 가리키는 표현으로 사용되기도 한다. 일반적으로 οὗτος는 바로 앞에 언급된 대상을 가리키는 반면, ἐκεῖνος는 좀 더 먼저 언급된 대상을 가리킨다. 특히 두 대상이 비교될 경우, ἐκεῖνος는 '전자'를 의미하고, οὗτος는 '후자'를 가리킨다.

예) Ἐν ἀρχῇ ἦν **ὁ λόγος** ⋯ **οὗτος** ἦν ἐν ἀρχῇ πρὸς τὸν θεόν. (태초에 말씀이 계시니라 ⋯ 그[그 말씀]가 태초에 하나님과 함께 계셨고 – 요 1:1~2)

3. 의문대명사와 부정대명사

1) 의문대명사 τίς

헬라어 의문대명사 τίς의 어형변화는 다음과 같다.

	단수		복수	
	남성/여성	중성	남성/여성	중성
주격	τίς (누가)	τί (무엇이)	τίνες (누구들이)	τίνα (무엇들이)
소유격	τίνος (누구의)	τίνος (무엇의)	τίνων (누구들의)	τίνων (무엇들의)
여격	τίνι (누구에게)	τίνι (무엇에게)	τίσι(ν) (누구들에게)	τίσι(ν) (무엇들에게)
목적격	τίνα (누구를)	τί (무엇을)	τίνας (누구들을)	τίνα (무엇들을)

위의 변화표에서 볼 수 있듯이 의문대명사 τίς는 남성형과 여성형이 동일하다. 또 중성형의 경우, 형용사나 정관사 변화형과 마찬가지로 주격과 목적격이 일치하며, 중성 소유격과 여격은 남성(혹은 여성) 소유격 및 여격 형태와 동일하다. 특히 의문대명사의 복수 여격(남성, 여성, 중성형 모두)이 τίσι(ν)임에 유의하자. 한편 의문대명사의 남성/여성 단수 목적격과 중성 복수 주격 및 목적격이 모두 τίνα로 동일한데, 어떤 변화형인지는 문맥상 결정된다.

신약성경에서 의문대명사는 다음과 같은 용례로 사용되고 있다.

τίς ἐστιν ἡ μήτηρ μου; (누가 나의 어머니인가? - 마 12:48)

τίνα ζητεῖτε; (당신들은 누구를 찾는가? - 요 18:4)

τί ἐροῦμεν; (우리는 무엇을 말할 것인가? - 롬 9:30)

의문대명사의 중성 단수 목적격 τί는 종종 "어째서?", "왜?"의 의미로 사용되기도 하는데, 신약성경에서는 의미를 보다 분명히 하기 위해서 διὰ τί를 사용하기도 한다.

τί με λέγεις ἀγαθόν; (어째서 너는 나를 선하다고 말하는가? - 막 10:18)

διὰ τί ἐν παραβολαῖς λαλεῖς αὐτοῖς; (어째서 너는 이러한 비유들로 말하는가? - 마 13:10)

2) 부정대명사 τις

부정대명사는 불특정한 사람이나 대상을 가리키는 말 (someone 또는 something)이다. 부정대명사 τις의 어형변화는 다음과 같다.

	단수		복수	
	남성/여성	중성	남성/여성	중성
주격	τις (누군가가)	τι (무언가가)	τινές (어떤 이들이)	τινά (어떤 것들이)
소유격	τινός (누군가의)	τινός (무언가의)	τινῶν (어떤 이들의)	τινῶν (어떤 것들의)
여격	τινί (누군가에게)	τινί (무언가에게)	τισί(ν) (어떤 이들에게)	τισί(ν) (어떤 것들에게)
목적격	τινά (누군가를)	τι (무언가를)	τινάς (어떤 이들을)	τινά (어떤 것들을)

부정대명사 τις와 의문대명사 τίς의 어형변화표를 비교해 보면, 형태는 거의 동일하나 악센트의 위치가 다름을 알 수 있다. 즉 부정대명사는 본래 전접어이므로 통상적으로 악센트를 가지지 않는다. 부정대명사가 악센트를 가지는 경우에도 (첫 음절에 악센트를 가지는 의문대명사와는 달리) 단어 맨 끝 음절에 악센트를 가짐에 유의하자.[11]

부정대명사의 용례는 다음과 같다.

πῶς δύναταί τις εἰσελθεῖν; (어떻게 누군가가 들어올 수 있는가? - 마 12:29)

---

11) 전접어의 악센트 규칙과 관련해서는 제3강을 참고할 것.

εἴδομέν τινα (우리는 누군가를 보았다 – 눅 9:49)

때로는 부정대명사가 부정형용사로 사용되어 명사를 수식하는 경우도 있다.

예) ἐγένετο ἱερεύς τις (어떤 제사장이 있었다 – 눅 1:5)의 경우, 부정형용사 τις가 명사 ἱερεύς를 수식하고 있다.

4. 관계대명사

영어의 관계대명사와 마찬가지로 헬라어 관계대명사도 어떤 명사나 대명사를 다른 문장(혹은 관계절)과 관계시키는 데 사용된다. 헬라어 관계대명사의 어형변화는 대체로 정관사의 어형변화와 유사하다. 단지 관계대명사의 모든 변화형에는 강기식과 악센트가 붙으며, 단어 맨 앞에 τ가 붙지 않는다는 점이 다를 뿐이다.[12] 다음의 변화표를 살펴보자.

---

12) ὁ와 ἡ, οἱ, αἱ는 정관사인 반면, 악센트가 첨가된 ὅς와 ἥ, οἵ, αἵ는 관계대명사임에 유의할 것.

	단수			복수		
	남성	여성	중성	남성	여성	중성
주격	ὅς	ἥ	ὅ	οἵ	αἵ	ἅ
소유격	οὗ	ἧς	οὗ	ὧν	ὧν	ὧν
여격	ᾧ	ᾗ	ᾧ	οἷς	αἷς	οἷς
목적격	ὅν	ἥν	ὅ	οὕς	ἅς	ἅ

1) 관계대명사의 용법

관계대명사는 선행사와 성과 수에 있어서 일치하지만, 격은 일치하지 않을 수 있다. 다음의 두 문장을 살펴보자.

① ὁ ἄνθρωπος ὃς εἶδε τὸν κύριόν ἐστιν ἀπόστολος. (주님을 본 사람은 사도다)

② ὁ ἄνθρωπος ὃν εἴδομέν ἐστιν ἀπόστολος. (우리가 본 사람은 사도다)

③ ὁ ἄνθρωπος ᾧ εἴπομεν τὸν λόγον ἐστιν ἀπόστολος. (우리가 말을 건넨 그 사람은 사도다)

위에 언급된 네 문장의 선행사는 모두 ὁ ἄνθρωπος(남성 단수명사)로 동일하지만, ①에서는 관계대명사가 관계절 εἶδε τὸν κύριόν의 주어로 사용되고 있기 때문에 주격인 반면, ②에서는 관계대명사가 관계절 εἴδομεν의 목적어로 사용되고 있기 때문에 목적격이다. 마찬가지로 ③에서는 관계대명사가 관계절 εἴπομεν τὸν λόγον의 간접목적어로 사용되고 있기 때문에 여격이다.

때로는 관계대명사의 선행사가 생략되는 경우도 있다.
예) ὃς οὐ λαμβάνει τὸν σταυρὸν αὐτοῦ οὐκ ἔστιν μου ἄξιος. (자신의 십자가를 지지 않는 자는 나에게 합당치 않다 – 마 10:38)

위의 문장에서 관계대명사 ὅς의 선행사는 당연히 ὁ ἄνθρωπος 라고 추정되므로 선행사를 생략해도 무방하다.

2) 부정관계대명사

부정관계대명사는 관계대명사 ὅς와 부정대명사 τις가 결합된 것이며, '~하는 사람은 누구든지' 또는 '~하는 것은 무엇이든지'를 의미한다. 먼저 다음의 어형변화표를 살펴보자.

	단수			복수		
	남성	여성	중성	남성	여성	중성
주격	ὅστις	ἥτις	ὅ τι	οἵτινες	αἵτινες	ἅτινα
소유격	οὗτινος (ὅτου)	ἧστινος	οὗτινος (ὅτου)	ὧντινων (ὅτων)	ὧντινων	ὧντινων (ὅτων)
여격	ᾧτινι (ὅτῳ)	ᾗτινι	ᾧτινι (ὅτῳ)	οἷστισι (ὅτοις)	αἷστισι	οἷστισι (ὅτοις)
목적격	ὅντινα	ἥντινα	ὅ τι	οὕστινας	ἅστινας	ἅτινα

부정관계대명사는 다음과 같은 의미로 사용된다.

οἵτινες μετήλλαξαν τὴν ἀλήθειαν τοῦ θεοῦ ἐν τῷ ψεύδει. (하나님의 진리를 거짓 것으로 바꾼 자는 누구든지 – 롬 1:25)

하지만 일반적으로 신약성경에서 부정관계대명사 ὅστις는 관계대명사 ὅς와 별반 다르지 않은 의미로 사용된다. 실제로 신약성경에는 관계대명사 ὅς가 1,395번 사용되고 있고, 부정관계대명사 ὅστις는 153번 사용되고 있다.

5. 재귀대명사

재귀대명사란 '~자신의' '~자신에게' '~자신을' 등을 의미하는 대명사인데, 헬라어 재귀대명사는 주격 형태로는 사용되지 않고 **소유격과 여격, 목적격 형태로만 사용**된다. 헬라어 재귀대명사의 어형변화는 다음과 같다.

	단수			복수
	1인칭	2인칭	3인칭	1, 2, 3인칭 공통
소유격 (~ 자신의)	ἐμαυτοῦ, -ῆς	σεαυτοῦ, -ῆς	ἑαυτοῦ, -ῆς	ἑαυτῶν
여격 (~ 자신에게)	ἐμαυτῷ, -ῇ	σεαυτῷ, -ῇ	ἑαυτῷ, -ῇ	ἑαυτοῖς, -αῖς
목적격 (~ 자신을)	ἐμαυτόν, -ήν	σεαυτόν, -ήν	ἑαυτόν, -ήν	ἑαυτούς, -άς

재귀대명사의 복수형 '우리들 자신의'와 '너희들 자신의' 등은 각각 ἡμῶν αὐτῶν, ὑμῶν αὐτῶν 등과 같이 사용할 수 있다. 하지만 신약성경에서는 재귀대명사 복수형을 인칭 구분 없이 모두 ἑαυτῶν 등으로 사용한다.

예) μαρτυρεῖτε ἑαυτοῖς (너희들이 스스로에게 증거한다 – 마 23:31)

6. 상호대명사

'서로'를 의미하는 상호대명사는 형용사 ἄλλος(다른)의 어간을 반복 사용함(ἀλλ-αλλο-)으로써 만들어졌는데, 의미상 **단수 형태는 존재하지 않으며** 주격으로는 사용되지 않고 **소유격, 여격, 목적격으로만 사용**된다. 어형변화표는 다음과 같다.

	남성	여성	중성
소유격 (서로의)	ἀλλήλων	ἀλλήλων	ἀλλήλων
여격 (서로에게)	ἀλλήλοις	ἀλλήλαις	ἀλλήλοις
목적격 (서로를)	ἀλλήλους	ἀλλήλας	ἄλληλα

연습문제

• 다음 문장 중 진하게 표시된 대명사의 의미를 해석하시오.

1) **ἐγώ** εἰμι ὁ ἄρτος τῆς ζωῆς (요 6:35)

2) **αὐτὸς** σώσει τὸν λαὸν **αὐτοῦ** (마 1:21)

3) **αὐτὸς** ὁ θεὸς μετ᾽ **αὐτῶν** ἔσται (계 21:3)

4) διὰ τὰ ἔργα **αὐτὰ** πιστεύετε (요 14:11)

5) ὁ δὲ **αὐτὸς** θεὸς ὁ ἐνεργῶν τὰ πάντα ἐν πᾶσιν (고 전 12:6)

6) **Οὗτοι** οἱ λόγοι πιστοὶ καὶ ἀληθινοί (계 22:6)

7) ἔλεγεν **ταύτην** τὴν παραβολήν (눅 13:6)

8) ἥξει ὁ κύριος τοῦ δούλου **ἐκείνου** (눅 12:46)

9) **αὕτη** ἦν πλήρης ἔργων ἀγαθῶν (행 9:36)

10) Ἐγένετο ἄνθρωπος ἀπεσταλμένος παρὰ θεοῦ, ὄνομα αὐτῷ Ἰωάννης. **οὗτος** ἦλθεν εἰς μαρτυρίαν … οὐκ ἦν **ἐκεῖνος** τὸ φῶς (요 1:6~8)

11) **τίνος** ἡ εἰκὼν αὕτη; (마 22:20)

12) **τίνι** ὁμοιώσω τὴν γενεὰν ταύτην; (마 11:16)

13) **τίνα** με λέγουσιν οἱ ἄνθρωποι εἶναι; (막 8:27)

14) πᾶς οἶκος κατασκευάζεται ὑπό **τινος** (히 3:4)

15) ἰδοὺ ὁ ἀστήρ, **ὃν** εἶδον ἐν τῇ ἀνατολῇ (마 2:9)

16) οὗτος ἐστιν ὁ υἱός μου ὁ ἀγαπητός, ἐν **ᾧ** εὐδόκησα
    (마 17:5)

17) Ἰησοῦ Χριστοῦ … **ὃν** ὑμεῖς ἐσταυρώσατε, **ὃν** ὁ
    θεὸς ἤγειρεν ἐκ νεκρῶν (행 4:10)

18) χάριτι θεοῦ εἰμι **ὅ** εἰμι (고전 15:10)

19) πέντε ἄνδρας ἔσχες καὶ νῦν **ὃν** ἔχεις οὐκ ἔστιν
    σου ἀνήρ (요 4:18)

20) προσέχετε ἀπὸ τῶν ψευδοπροφητῶν, **οἵτινες**
    ἔρχονται πρὸς ὑμᾶς ἐν ἐνδύμασιν προβάτων (마
    7:15)

제7강

제3변화 명사와 형용사

주요 학습내용

O 제3변화 명사와 형용사의 어형변화에 관해 학습한다.
O 형용사의 비교급과 최상급 변화형과 용법에 관해 학습한다.

ὁ μικρότερος ἐν τῇ βασιλείᾳ τῶν οὐρανῶν μείζων Ἰωάννου τοῦ βαπτιστοῦ ἐστιν.

Ἰησοῦς

1. 제3변화 명사

헬라어 제1변화 명사와 제2변화 명사의 경우, 단수 주격에서 어미 -ος 또는 -η(-α)를 제외한 부분이 바로 어간이다. 이렇게 볼 때 제1변화 명사와 제2변화 명사는 단수 주격만 알면 그 어간을 즉시 파악할 수 있다. 반면 **대부분의 제3변화 명사의 경우, 단수 주격에 어간이 드러나지 않고 소유격 이후부터 어간이 나타나기 시작**한다. 또한 제1변화 명사는 대개 여성명사이고, 제2변화 명사는 대개 남성명사인 반면, **제3변화 명사에는 남성, 여성, 중성 명사가 모두 포함**된다. 따라서 그때그때 명사의 성을 외우는 수밖에 없다.

1) 제3변화 명사의 어형변화

제3변화 명사의 어형변화는 일반적으로 다음과 같다.

① ὁ γέρων (노인), 어간 γεροντ-

	단수	복수
주격	γέρων (노인이)	γέροντ-ες (노인들이)
소유격	γέροντ-ος (노인의)	γερόντ-ων (노인들의)
여격	γέροντ-ι (노인에게)	γέρου-σι(ν) (노인들에게)
목적격	γέροντ-α (노인을)	γέροντ-ας (노인들을)
호격	γέρον (노인이여)	γέροντ-ες (노인들이여)

② ἡ χάρις (은혜), 어간 χαριτ-

	단수	복수
주격	χάρις	χάριτ-ες
소유격	χάριτ-ος	χαρίτ-ων
여격	χάριτ-ι	χάρι-σι(ν)
목적격	χάρι-ν	χάριτ-ας
호격	χάρι	χάριτ-ες

③ ἡ ἐλπίς (희망), 어간 ἐλπιδ-

	단수	복수
주격	ἐλπίς	ἐλπίδ-ες
소유격	ἐλπίδ-ος	ἐλπίδ-ων
여격	ἐλπίδ-ι	ἐλπί-σι(ν)
목적격	ἐλπίδ-α	ἐλπίδ-ας
호격	ἐλπί	ἐλπίδ-ες

④ τὸ σῶμα ("몸"), 어간 σωματ-

	단수	복수
주격	σῶμα	σώματ-α
소유격	σώματ-ος	σωμάτ-ων
여격	σώματ-ι	σώμα-σι(ν)
목적격	σῶμα	σώματ-α
호격	σῶμα	σώματ-α

⑤ ὁ ἄρχων (다스리는 자), 어간 αρχοντ-

	단수	복수
주격	ἄρχων	ἄρχοντ-ες
소유격	ἄρχοντ-ος	αρχόντ-ων
여격	ἄρχοντ-ι	ἄρχου-σι(ν)
목적격	ἄρχοντ-α	ἄρχοντ-ας
호격	ἄρχον	ἄρχοντ-ες

⑥ ἡ σάρξ (살), 어간 σαρκ-

	단수	복수
주격	σάρξ	σάρκ-ες
소유격	σαρκ-ός	σαρκ-ῶν
여격	σαρκ-ί	σαρ-ξί(ν)
목적격	σάρκ-α	σάρκ-ας
호격	σάρξ	σάρκ-ες

⑦ ὁ ἀγών (경기), 어간 ἀγων-

	단수	복수
주격	ἀγών	ἀγῶν-ες
소유격	ἀγῶν-ος	ἀγών-ων
여격	ἀγῶν-ι	ἀγῶ-σι(ν)
목적격	ἀγῶν-α	ἀγῶν-ας
호격	ἀγών	ἀγῶν-ες

⑧ ὁ πατήρ (아버지), 어간 πατερ-

	단수	복수
주격	πατήρ	πατέρ-ες
소유격	πατρ-ός	πατέρ-ων
여격	πατρ-ί	πατρά-σι(ν)
목적격	πατέρ-α	πατέρ-ας
호격	πάτερ	πατέρ-ες

⑨ ἡ μήτηρ (어머니), 어간 μητερ-

	단수	복수
주격	μήτηρ	μητέρ-ες
소유격	μητρ-ός	μητέρ-ων
여격	μητρ-ί	μητρά-σι(ν)
목적격	μητέρ-α	μητέρ-ας
호격	μῆτερ	μητέρ-ες

⑩ ὁ ἀνήρ (남자, 남편), 어간 ἀνδρ-

	단수	복수
주격	ἀνήρ	ἄνδρ-ες
소유격	ἀνδρ-ός	ἀνδρ-ῶν
여격	ἀνδρ-ί	ἀνδρά-σι(ν)
목적격	ἄνδρ-α	ἄνδρ-ας
호격	ἄνερ	ἄνδρ-ες

⑪ ἡ γυνή (여자, 아내), 어간 γυναικ-

	단수	복수
주격	γυνή	γυναῖκ-ες
소유격	γυναικ-ός	γυναικ-ῶν
여격	γυναικ-ί	γυναι-ξί(ν)
목적격	γυναῖκ-α	γυναῖκ-ας
호격	γῦναι	γυναῖκ-ες

⑫ τὸ γένος (종[種]), 어간 γενεσ-

	단수	복수
주격	γένος	γένη
소유격	γένους	γένῶν
여격	γένει	γένεσι(ν)
목적격	γένος	γένη
호격	γένος	γένη

⑬ ὁ βασιλεύς (왕), 어간 βασιλευ-/ε-

	단수	복수
주격	βασιλεύ-ς	βασιλεῖς
소유격	βασιλέ-ως	βασιλέ-ων
여격	βασιλε-ῖ	βασιλεῦ-σι(ν)
목적격	βασιλέ-α	βασιλέ-ας
호격	βασιλεῦ	βασιλεῖς

⑭ ἡ πόλις(도시), 어간 πολι-

	단수	복수
주격	πόλι-ς	πόλεις
소유격	πόλε-ως	πόλε-ων
여격	πόλε-ι	πόλε-σι(ν)
목적격	πόλι-ν	πόλεις
호격	πόλι	πόλεις

⑮ τὸ φῶς (빛), 어간 φωτ-

	단수	복수
주격	φῶς	φώτ-α
소유격	φωτ-ός	φώτ-ων
여격	φωτ-ί	φώ-σι(ν)
목적격	φῶς	φώτ-α
호격	φῶς	φώτ-α

2) 제3변화명사 복수 여격의 음운변화

일반적으로 제3변화명사 복수 여격의 어미는 −σι이다. 그러나 어간의 철자에 따라 어미의 음운이 변하는 경우가 생긴다.

① 어간 철자가 π, β, φ로 끝나는 경우 + −σι = ψι(ν)
   어간 철자가 κ, γ, χ 로 끝나는 경우 + −σι = ξι(ν)
   어간 철자가 τ, δ, θ 로 끝나는 경우 + −σι = σι(ν)

다음의 예를 살펴보자.

단수 주격 변화형	단수 소유격 변화형	복수 여격 변화형
ἐλπίς	ἐλπίδ−ος	ἐλπί−σι(ν)
σάρξ	σαρκ−ός	σαρ−ξί(ν)

② 어간 철자가 αντ 로 끝나는 경우 + −σι = ασι(ν)
   어간 철자가 εντ 로 끝나는 경우 + −σι = εισι(ν)
   어간 철자가 οντ 로 끝나는 경우 + −σι = ουσι(ν)

다음의 예를 살펴보자.

단수 주격 변화형	단수 소유격 변화형	복수 여격 변화형
γέρων	γέροντ–ος	γέρου–σι(ν)
ἄρχων	ἄρχοντ–ος	ἄρχου–σι(ν)

2. 제3변화 형용사

우리는 이미 헬라어의 의문대명사 τίς와 부정대명사 τις를 통해 제3변화 형용사의 어형변화를 공부했다. 제3변화 명사와 마찬가지로 제3변화 형용사도 단수 소유격 이후부터 어간이 등장하기 시작한다.

1) πᾶς (모든)

	단수			복수		
	남성	여성	중성	남성	여성	중성
주격	πᾶς	πᾶσα	πᾶν	πάντες	πᾶσαι	πάντα
소유격	παντός	πάσης	παντός	πάντων	πασῶν	πάντων
여격	παντί	πάσῃ	παντί	πᾶσι(ν)	πάσαις	πᾶσι(ν)
목적격	πάντα	πᾶσαν	πᾶν	πάντας	πάσας	πάντα

형용사 πᾶς는 다음과 같은 용법으로 사용된다.

① πᾶς가 서술적 위치에 놓이면 '모든(all)'을 의미한다.
   예) πᾶσα ἡ πόλις(모든 도시), πᾶν τὸ σῶμα(모든 몸)

② πᾶς가 수식적 위치에 놓이면 '~전체(whole)'를 의미한다.
   예) ἡ πᾶσα πόλις(도시 전체), τὸ πᾶν σῶμα(몸 전체)

③ πᾶς가 관사 없는 명사와 함께 사용되면 '각각의(every)'를 의미한다.
   예) πᾶσα πόλις(각 도시).

④ πᾶς가 명사를 수식하는 대신 단독으로 사용되면 '모든 사람' 또는 '모든 것'을 의미한다.
   예) (οἱ) πάντες(모든 사람들), (τὰ) πάντα(모든 것들)

⑤ 때로는 πᾶς가 '온전한' '순수한'을 의미할 수도 있다.
   예) πᾶσαν χαρὰν ἡγήσασθε (너희들은 그것을 온전한 기쁨으로 여기라 – 약 1:2)

⑥ 신약성경에서는 πᾶς가 과장적 의미로 사용되는 경우가

종종 있다.

예) προσήνεγκαν αὐτῷ πάντας τοὺς κακῶς ἔχοντας
(사람들은 그에게 모든 병자[엄청나게 많은 수의 병자
들]를 데리고 왔다 – 마 4:24)

2) εἷς, οὐδείς, μηδείς

헬라어의 수사(數詞)는 대부분 불변화사이지만, 일부 숫자
는 어형변화한다. 그중 대표적인 것이 εἷς(하나)이다. εἷς의 어
형변화는 다음과 같다.

	남성 단수	여성 단수	중성 단수
주격	εἷς	μία	ἕν
소유격	ἑνός	μιᾶς	ἑνός
여격	ἑνί	μιᾷ	ἑνί
목적격	ἕνα	μίαν	ἕν

때로는 εἷς가 ἕκαστος(각자)와 함께 사용되기도 한다.
예) ἑνὶ ἑκάστῳ ἡμῶν ἐδόθη ἡ χάρις. (우리들 중 각 사
람에게 은혜가 주어졌다 – 엡 4:7)

한편, οὐδείς나 μηδείς(누구도[no one], 어떤 것도 [nothing])는 어간 οὐδ-, μηδ-에 εἷς가 결합된 것이므로 εἷς 와 마찬가지로 어형변화한다. οὐδείς는 직설법의 부정문에 사용되는 반면, μηδείς는 그 이외의 법의 부정문에 사용된다. 다음 예문들을 살펴보자.

πειράζει δὲ αὐτὸς οὐδένα. (그는 아무도 시험하지 않는
   다 – 약 1:13)

οὐκ ἔφαγεν οὐδὲν ἐν ταῖς ἡμέραις ἐκείναις. (그는 그
   날들 동안 아무것도 먹지 않았다 – 눅 4:2)

3) πολύς와 μέγας

제3변화 형용사 πολύς(많은)와 μέγας(큰)는 다음과 같이 어형변화한다.

	단수					
	남성	여성	중성	남성	여성	중성
주격	πολύς	πολλή	πολύ	μέγας	μεγάλη	μέγα
소유격	πολλοῦ	πολλῆς	πολλοῦ	μεγάλου	μεγάλης	μεγάλου
여격	πολλῷ	πολλῇ	πολλῷ	μεγάλῳ	μεγάλη	μεγάλῳ
목적격	πολύν	πολλήν	πολύ	μέγαν	μεγάλην	μέγα

	복수					
	남성	여성	중성	남성	여성	중성
주격	πολλοί	πολλαί	πολλά	μεγάλοι	μεγάλαι	μεγάλα
소유격	πολλῶν	πολλῶν	πολλῶν	μεγάλων	μεγάλων	μεγάλων
여격	πολλοῖς	πολλαῖς	πολλοῖς	μεγάλοις	μεγάλαις	μεγάλοις
목적격	πολλούς	πολλάς	πολλά	μεγάλους	μεγάλας	μεγάλα

신약성경에서 형용사 πολύς는 다음과 같은 용례로 사용된다.

δαιμόνια **πολλὰ** ἐξέβαλεν. (그는 많은 귀신을 내쫓았다 - 막 1:34)

εἶδεν **πολύν** ὄχλον. (그는 큰 무리[많은 군중]를 보았다 - 마 14:14)

한편 형용사 πολύς의 남성 복수형은 주어처럼 사용되기도 한다.

예) **πολλοὶ** ἐλεύσονται ἐπὶ τῷ ὀνόματί μου. (**많은 이들**이 내 이름으로 올 것이다 - 막 13:6)

4) ἀληθής (진실한, 올바른)

형용사 ἀληθής는 남성형과 여성형이 동일하며, 중성형은 ἀληθές이다. ἀληθής는 제3변화 명사인 τὸ γένος나 ἡ πόλις처럼 격변화 시에 모음 축약현상이 일어난다. ἀληθής의 어형변화는 다음과 같다.

	단수		복수	
	남성/여성	중성	남성/여성	중성
주격	ἀληθής	ἀληθές	ἀληθεῖς	ἀληθῆ
소유격	ἀληθοῦς	ἀληθοῦς	ἀληθῶν	ἀληθῶν
여격	ἀληθεῖ	ἀληθεῖ	ἀληθέσι(ν)	ἀληθέσι(ν)
목적격	ἀληθῆ	ἀληθές	ἀληθεῖς	ἀληθῆ

3. 형용사의 비교급과 최상급

1) 비교급과 최상급 변화형

헬라어에서 형용사의 비교급과 최상급을 나타내는 어미는
대체로 다음과 같다.

> 비교급(더 ~한) -τερος, -α, -ον
> 최상급(가장 ~한) -τατος, -η, -ον

일반적으로 형용사 비교급과 최상급 어미는 -οτερος,
-οτατος 형태가 된다. 하지만 일부 형용사의 비교급과 최상
급은 -ωτερος, -ωτατος 형태다. 다음 변화표를 살펴보자.

원급	비교급	최상급
δίκαιος (정의로운)	δικαιότερος (더 정의로운)	δικαιότατος (가장 정의로운)
ἰσχυρός (강한)	ἰσχυρότερος (더 강한)	ἰσχυρότατος (가장 강한)
νεός (새로운)	νεώτερος (더 새로운)	νεώτατος (가장 새로운)
σοφός (현명한)	σοφώτερος (더 현명한)	σοφώτατος (가장 현명한)

한편 다음 형용사들의 경우, 비교급과 최상급이 불규칙적으로 어형변화한다.

원급	비교급	최상급
ἀγαθός **(좋은)**	ἀμείνων, –ον (더 좋은) βελτίων, –ον (더 나은) κρείσσων, –ον (더 강한)	ἄριστος (가장 좋은) βέλτιστος (가장 나은) κράτιστος (가장 강한)
κακός **(나쁜)**	κακίων, –ον (더 나쁜) χείρων, –ον (더 못한)	κάκιστος (가장 나쁜) χείριστος (가장 못한)
μέγας **(큰)**	μείζων, –ον (더 큰)	μέγιστος (가장 큰)
πολύς **(많은)**	πλείων (더 많은)	πλεῖστος (가장 많은)

2) 비교급과 최상급의 용법

헬라어에서 비교급을 표현할 때 '~보다'를 나타내는 방식은 크게 두 가지다.

① 명사나 대명사를 소유격으로 기술

예) οὐκ ἔστιν δοῦλος **μείζων τοῦ κυρίου αὐτοῦ.**

(종은 그의 주인보다 크지 않다 – 요 13:16)

② ἤ를 사용

예) ἠγάπησαν οἱ ἄνθρωποι **μᾶλλον** τὸ σκότος **ἢ** τὸ φῶς. (사람들은 빛보다 어둠을 더 사랑했다 – 요 3:19)

한편 헬라어 형용사의 비교급과 최상급 형태가 항상 각각 비교급, 최상급을 의미하는 것은 아니다. 다음과 같은 경우를 살펴보자.

(a) 비교급이 최상급처럼 사용되는 경우

예) **μείζων** δὲ **τούτων** ἡ ἀγάπη. (그 중에 가장 큰 것이 사랑이다 – 고전 13:13)

(b) 최상급이 '매우 ~한' '아주 ~한'을 의미하는 경우

예) τὰ τίμια καὶ μέγιστα ἡμῖν ἐπαγγέλματα δεδώρηται (그는 매우 귀하고 지극히 큰 약속을 우리에게 주셨다 – 벧후 1:4)

연습문제

• 다음 문장에서 진하게 표시한 부분의 의미를 해석해 보시오.

1) **πᾶς** ὁ πιστεύων ὅτι Ἰησοῦς ἐστιν ὁ Χριστὸς ἐκ τοῦ θεοῦ γεγέννηται (요일 5:1)

2) **πάντες** γὰρ αὐτὸν εἶδον (막 6:50)

3) ἐξ ὑμῶν **εἷς** διάβολος ἐστιν (요 6:70)

4) περὶ δὲ τῆς ἡμέρας ἐκείνης ἢ τῆς ὥρας **οὐδεὶς** οἶδεν, **οὐδὲ** οἱ ἄγγελοι ἐν οὐρανῷ **οὐδὲ** ὁ υἱός, εἰ μὴ ὁ πατήρ (막 13:32)

5) τὸ σῶμα οὐκ ἔστιν ἓν μέλος ἀλλὰ **πολλά** (고전 12:14)

6) **πολλοὶ** ἦλθον πρὸς αὐτὸν καὶ ἔλεγον ὅτι Ἰωάννης μὲν σημεῖον ἐποίησεν **οὐδέν**, **πάντα** δὲ ὅσα εἶπεν Ἰωάννης περὶ τούτου **ἀληθῆ** ἦν (요 10:41)

7) **πολλοὶ** τῶν ἀνθρώπων ἀπέθανον ἐκ τῶν ὑδάτων (계 8:11)

8) **μείζων** δὲ ὁ προφητεύων **ἢ** ὁ λαλῶν γλώσσαις (고

전 14:5)

9) ἤκουσαν οἱ Φαρισαῖοι ὅτι Ἰησοῦς **πλείονας** μαθητὰς ποιεῖ καὶ βαπτίζει **ἢ** Ἰωάννης (요 4:1)

10) **παντὸς ἀνδρὸς** ἡ κεφαλὴ ὁ Χριστός ἐστιν (고전 11:3)

11) οὐκ ἔστιν δοῦλος **μείζων** τοῦ κυρίου αὐτοῦ **οὐδὲ** ἀπόστολος **μείζων** τοῦ πέμψαντος αὐτόν (요 13:16)

12) λέγω ὑμῖν ὅτι **τοῦ ἱεροῦ μεῖζόν** ἐστιν ὧδε (마 12:6)

13) **ὁ** γὰρ **μικρότερος** ἐν πᾶσιν ὑμῖν ὑπάρχων οὗτός ἐστιν **μέγας** (눅 9:48)

14) ὃ **μικρότερον** μέν ἐστιν **πάντων τῶν σπερμάτων** (마 13:32)

15) συνάγεται πρὸς αὐτὸν **ὄχλος πλεῖστος** (막 4:1)

제8강
완료와 과거완료, 수동태와 중간태

주요 학습내용
○ 헬라어 동사의 직설법 능동태 완료시제 및 과거완료시제 어형 변화와 용법에 관해 학습한다. ○ 헬라어 동사의 중간태와 수동태 직설법 현재시제와 미래시제, 완료시제, 미완료시제, 부정과거시제, 과거완료시제 변화형과 의미에 관해 학습한다. ○ 디포넌트 동사(Deponent verb)에 관해 학습한다.

1. 동사의 완료형 능동 직설법

1) 완료형 능동태 직설법 어형변화

$\lambda\acute{u}\omega$ 동사의 완료형 능동태 직설법 어형변화는 다음과 같다.

	단수	복수
1인칭	$\lambda\acute{\epsilon}-\lambda v-\kappa\alpha$ (I have loosed)[13]	$\lambda\epsilon-\lambda\acute{v}-\kappa\alpha\mu\epsilon\nu$ (We have loosed)
2인칭	$\lambda\acute{\epsilon}-\lambda v-\kappa\alpha\varsigma$ (You have loosed)	$\lambda\epsilon-\lambda\acute{v}-\kappa\alpha\tau\epsilon$ (You have loosed)
3인칭	$\lambda\acute{\epsilon}-\lambda v-\kappa\epsilon(\nu)$ (He/She has loosed)	$\lambda\epsilon-\lambda\acute{v}-\kappa\alpha\sigma\iota(\nu)$[14] (They have loosed)

완료형 능동태 직설법 어형변화와 관련해서 다음과 같은 점에 유의해야 한다.

① 완료형 어미는 -κα, -κας, -κε(ν), -καμεν, -κατε, -κασι(ν)인데, 특히 어미 맨 앞에 κ가 온다(미래나 부정과거의 경우 어미 맨 앞에 σ가 옴).

---

13) $\lambda\acute{\epsilon}-\lambda v-\kappa\alpha$는 "내가 조금 전에 어떤 것을 풀었다. 그 결과 그 대상이 현재 풀어져 있다."를 의미한다.

14) 신약성경에서는 완료형 능동 직설법 3인칭복수 어미에 -κασι(ν) 대신 -καν이 사용되기도 한다.

② 현재형 동사 어간의 맨 앞에 있는 자음을 중복해서 쓰고, 발음의 편의를 위해 모음 ε를 추가한다. 따라서 λύω 동사의 경우 완료형이 λέ-λυ-κα가 된다.

③ 만약 동사 어간이 대기음(Aspirated consonant: 강기식을 가진 자음 φ, θ, χ)으로 시작할 경우, 대기음을 그대로 중복 사용하면 발음이 힘들기 때문에 기식 없는 자음으로 바꾸어서 중복 사용한다. 즉, θ → τ, φ → π, χ → κ.

예) θεραπεύω(내가 고치다)의 완료형 능동 직설법은 τε-θεράπευ-κα가 되며, χρίω(내가 기름 붓는다)의 완료형은 κέ-χρι-κα가 된다.

④ 만약 동사 어간이 이중자음(가령 ψ, ξ, ζ) 혹은 둘 이상의 자음으로 시작하면, 두 자음을 중복해서 사용하는 것은 어색하기 때문에 자음 중복을 하지 않고, 대신 그냥 동사 맨 앞에 ε만 덧붙인다.

예) γινώσκω(내가 알다, 어간 γνο)의 완료형은 ἔ-γνω-κα이다.[15]

---

15) 동사 어간이 무성음+유음(λ, ν, ρ)으로 시작되는 경우, 일반적인 동사와 마찬가지로 어간 맨 앞의 자음을 중복해서 사용한다. 가령 πνέω("나는 숨쉰다")의 완료형은 πέ-πνευ-κα이다.

⑤ 동사 어간이 모음으로 시작되는 경우, 모음을 중복 사용하지 않고 대신 모음이 장모음으로 길어진다(α→η, ε→η, ο→ω).

예) ἑτοιμάζω(내가 준비한다)의 완료형은 ἡτοίμα–κα이다.

⑥ 어간이 τ, δ, ζ, θ로 끝나는 동사의 완료형의 경우, 발음상의 문제로 κ 앞의 τ, δ, ζ, θ가 생략된다.

예) ἐλπίζω(나는 소망한다, 어간 ἐλπιδ–)의 완료형은
    ἤλπι–κα이다.

일반적으로 헬라어 동사의 완료형 뿐 아니라 과거완료 및 미래완료의 경우에도 어미 앞에 κ가 첨가되어 완료시제임을 나타내지만, 일부 동사의 경우에는 κ가 사용되지 않으며, 때로는 어간의 모음이 변형되기도 한다. 이러한 변화형을 '제2완료형'이라고 한다. γράφω(나는 쓴다)의 완료형 능동 직설법 어형 변화를 살펴보자.

	단수	복수
1인칭	γέ-γρα-φα (I have written)	γε-γρά-φαμεν (We have written)
2인칭	γέ-γρα-φας (You have written)	γε-γρά-φατε (You have written)
3인칭	γέ-γρα-φε(ν) (He/She has written)	γε-γρά-φασι(ν) (They have written)

신약성경에는 모두 21개의 제2완료형 동사가 등장한다. 그 중 가장 빈번히 사용되는 동사 몇 개를 열거하면 다음과 같다.

현재형	제2완료형
ἀκούω (나는 듣는다)	ἀκήκοα
πείθω (나는 설득한다)	πέποιθα
πέμπω (나는 보낸다)	πέπομφα
πάσχω (나는 겪는다)	πέπονθα

2) 완료시제의 의미

헬라어의 완료시제는 현재시점 바로 직전에 완료되어 현재까지 그 영향이 남아 있는 동작을 가리킨다. 이런 이유로 헬라어 완료시제는 사실상 현재시제군에 포함된다.

　예) νενίκηκα τὸν κόσμον은 '나는 세상을 정복했다. (그래서 세상은 지금 나의 지배하에 있다)'를 뜻한다.

　완료시제의 의미는 부정과거와 비교했을 때 더 명확히 드러난다. 다음의 두 문장을 살펴보자.

　① ἐγένετο ἄφνω... ἦχος... καὶ ἐπλήρωσεν ὅλον τὸν οἶκον. (갑자기 소리가 생겨났고, [그 소리는] 온 집 안을 가득 채웠다 - 행 2:2)

　② πεπληρώκατε τὴν Ἰερουσαλὴμ τῆς διδαχῆς ὑμῶν (너희는 너희들의 가르침으로 예루살렘을 가득 채웠다 - 행 5:28)

　두 예문 중 ①의 ἐπλήρωσεν은 단순히 '소리가 집 안을 가득 채웠음'을 기술하고 있을 뿐, 그 이후에 어떻게 되었는지에 대해서는 아무런 정보를 제공하지 않는다. 반면 ②의 πεπληρώκατε는 '너희들이 예루살렘을 너희들의 가르침으로 가득 채워 그 가르침이 현재까지도 예루살렘에 가득 차 있음'을 의미한다. 이처럼 헬라어의 완료시제는 과거의 행위 그

자체보다는 그 행위가 가져온 현재의 결과에 중심을 두고 있기 때문에 현재시제로 분류된다.

3) οἶδα 동사의 어형변화

οἶδα(내가 안다) 동사는 신약성경에 321회 등장한다. 본래 οἶδα는 εἴδω(나는 본다)의 완료형(과거에 내가 어떤 것을 본 결과, 현재 나는 그것을 알고 있다)이지만, 실제로 εἴδω 자체는 거의 사용되지 않으며 사실상 οἶδα가 현재시제처럼 사용된다. οἶδα의 어형변화는 다음과 같다.

		현재 능동태 직설법	미완료 능동태 직설법
단수	1인칭	οἶδα (나는 안다)	ᾔδειν (나는 알고 있었다)
	2인칭	οἶδας (너는 안다)	ᾔδεις (너는 알고 있었다)
	3인칭	οἶδε(ν) (그/그녀는 안다)	ᾔδει (그/그녀는 알고 있었다)
복수	1인칭	οἴδαμεν (우리는 안다)	ᾔδειμεν (우리는 알고 있었다)
	2인칭	οἴδατε (너희는 안다)	ᾔδειτε (너희는 알고 있었다)
	3인칭	οἴδασι(ν) (그들은 안다)	ᾔδεισαν (그들은 알고 있었다)

2. 과거완료 능동 직설법[16]

　과거완료시제는 신약성경에서 거의 사용되지 않으며 직설법으로만 사용되고 있다. 과거완료란 과거의 보다 이른 시점에 한 행위가 완료되어 과거에까지 영향을 미치고 있음을 가리키는 시제다. 다음의 예문을 살펴보자.

　① ταῦτα εἶπαν οἱ γονεῖς αὐτοῦ ὅτι ἐφοβοῦντο τοὺς Ἰουδαίους, ἤδη γὰρ **συνετέθειντο** οἱ Ἰουδαῖοι ἵνα ἐάν τις αὐτὸν ὁμολογήσῃ Χριστόν, ἀποσυνάγωγος γένηται.

　(그의 부모는 유대인들을 두려워해 이와 같이 말했다. 왜냐하면 이미 유대인들은 누군가가 그[예수]를 그리스도라고 시인한다면, 그렇게 말한 자가 출교될 것이라고 결의한 바 있기 때문이다 - 요 9:22)

　② ἐφάνη πρῶτον Μαρίᾳ τῇ Μαγδαληνῇ, παρ᾽ ἧς **ἐκβεβλήκει** ἑπτὰ δαιμόνια.

　([예수 그리스도는] 먼저 막달라 마리아에게 나타났는데,

---

16) 미래완료시제는 과거완료보다도 신약성경에서 더 드물게 사용되기 때문에 초급문법에서는 따로 공부하지 않아도 큰 지장이 없다.

예전에 그녀로부터 일곱 귀신을 쫓아내 주신 바 있었다 - 막 16:9)

예문 ①에서 συνετέθειντο는 (소경이 어떻게 눈을 떴는지 소경 부모가 유대인들에게 자초지종을 설명하기도 전에) 이미 유대인들이 예수를 구세주로 고백하는 자를 출교할 것이라고 결의했으며, 그 결의의 내용이 소경의 부모가 유대인들 앞에서 자초지종을 설명하는 순간까지도 계속 유효함을 나타내고 있다. 마찬가지로 ②에서도 ἐκβεβλήκει는 예수 그리스도께서 막달라 마리아에게 모습을 보이시기 전에 이미 그녀에게서 귀신들을 쫓아내주셨음을 가리킨다.

λύω 동사의 과거완료 능동태 직설법 어형변화는 다음과 같다.

	단수	복수
1인칭	ἐ–λε–λύ–κειν (I had loosed)	ἐ–λε–λύ–κειμεν (We had loosed)
2인칭	ἐ–λε–λύ–κεις (You had loosed)	ἐ–λε–λύ–κειτε (You had loosed)
3인칭	ἐ–λε–λύ–κει (He/She had loosed)	ἐ–λε–λύ–κεισαν (They had loosed)

과거완료시제의 어형변화와 관련해서 다음과 같은 점에 유의하자.

① 과거완료도 완료시제와 마찬가지로 어미 맨 앞에 κ가 등장하지만 어미는 완료형과 약간 다르게 변화한다(-κειν, -κεις, -κει, -κειμεν, -κειτε, -κεισαν).

② 과거완료도 완료시제와 마찬가지로 동사 어간 맨 앞 자음을 중복해서 사용한다. 하지만 과거완료는 과거시제에 속하므로 과거임을 나타내는 접두모음 ε를 동사 맨 앞에 첨가한다. 접두모음 ε는 생략되는 경우도 있다.

3. 수동태와 중간태 현재 직설법

1) 수동 및 중간태 현재 직설법 어형변화

영어나 다른 언어의 경우와 마찬가지로 헬라어에서도 능동 태는 주어가 어떤 행위의 주체임을 가리키는 반면, 수동태는 동 사의 주어가 어떤 행위의 대상이 됨을 나타낸다. 그런데 헬라어 에는 능동과 수동 이외에 중간태가 있다. 중간태는 주체의 행위 가 주체 자신에게 영향이 미치거나 행위의 이해관계가 자신에 게 있음을 표현한다. 일반적으로 중간태와 수동태의 어형은 동 일한데,[17] 현재 직설법 수동 및 중간태의 어미는 다음과 같다.

	단수	복수
1인칭	$-o-\mu\alpha\iota$	$-o-\mu\epsilon\theta\alpha$
2인칭	$-\epsilon-\sigma\alpha\iota$	$-\epsilon-\sigma\theta\epsilon$
3인칭	$-\epsilon-\tau\alpha\iota$	$-o-\nu\tau\alpha\iota$

마찬가지로 $\lambda\acute{\upsilon}\omega$ 동사의 수동 및 중간태 현재 직설법 어형변 화는 다음과 같다.

---

17) **수동태와 중간태는 현재, 미완료, 완료, 과거완료 시제에 있어서 동일**하지만, **미래와 부정과 거시제에 있어서는 상이**하다.

	단수	복수
1인칭	λύ-ο-μαι	λυ-ό-μεθα
2인칭	λύ-η [18]	λύ-ε-σθε
3인칭	λύ-ε-ται	λύ-ο-νται

2) 중간태의 의미

수동태와 중간태의 어형변화가 거의 일치하기 때문에 어떤 동사가 수동태로 해석할 것인지 중간태로 해석할 것인지는 문맥상 결정할 수밖에 없다. 중간태는 크게 세 가지 의미로 해석 가능하다.

① 재귀적 중간태 : 행위의 결과가 주체 자신에게 직접적으로 영향을 미치는 경우. [19]

예) ἀπελθὼν **ἀπήγξατο**. (그는 물러나서 스스로 목매어 죽었다 – 마 27:5)

αὐτὸς γὰρ ὁ Σατανᾶς **μετασχηματίζεται** εἰς

---

18) 본래 λύω 동사의 수동 및 중간태 현재 직설법 2인칭 단수형은 λύ-ε-σαι이지만, σ가 탈락하고 모음 ε와 αι가 축약되면서 η가 되었다.

19) 신약성경에는 재귀적 용법의 중간태 동사가 많이 사용되지는 않았으며, 그 대신 〈동사 능동태+재귀대명사〉 형태로 주로 표현되고 있다. 가령 ἐγὼ **ἁγιάζω** ἑαυτόν. (나는 내 자신을 거룩하게 한다 – 요 17:19)

ἄγγελον φωτός. (왜냐하면 사탄 자신은 스스로를 광명의 천사로 가장하기 때문이다 – 고후 11:14)

② 강조적 중간태 : 단순히 행위 결과에 참여하는 것이 아니라 주체적으로 행위를 산출함을 강조.

　　예) αἰωνίαν λύτρωσιν εὑράμενος. ([다른 사람이 아니라 예수 그리스도 본인이] 영원한 속죄를 이루셔서 – 히 9:12)

③ 상호적 중간태 : 복수의 주체가 행위를 상호 교환하는 경우.

　　예) συνετέθειντο οἱ Ἰουδαῖοι. (유대인들은 서로 합의했다 – 요 9:22)

3) 수동태의 행위주체

헬라어에서 수동태로 표현된 동사의 행위주체를 표현하는 방법은 크게 세 가지다.

① 직접적 행위주체 : ὑπό+소유격으로 표현.[20]

예) οἱ ἁμαρτωλοὶ *σῴζονται* ὑπὸ τοῦ θεοῦ.

(죄인들은 하나님에 의해 구원된다.)

② 매개적 행위주체 : διά+소유격으로 표현.

예) οἱ ἁμαρτωλοὶ *σῴζονται* διὰ τοῦ ἀποστόλου.

(죄인들은 사도를 통해 구원된다.)

③ 비인격적 주체: (ἐν)+여격으로 표현.

예) οἱ ἁμαρτωλοὶ *σῴζονται* (ἐν) τῷ λόγῳ τοῦ
κυρίου. (죄인들은 하나님의 말씀에 의해 구원된다.)

4. 디포넌트 동사(deponent verb)

'deponent'라는 용어는 라틴어 동사 'depono(제쳐두다, 치
워놓다)'를 어원으로 한다. 다시 말해 디포넌트 동사란 능동
형태는 제쳐두고, 수동 및 중간태 형태로만 사용되는 동사를

---

20) 신약성경에서는 행위주체가 하나님인 경우 종종 수동태 동사의 행위주체를 생략한다.

가리킨다.[21] 가령 디포넌트 동사 ἔρχομαι(나는 간다)는 **수동 및 중간태 형태지만 능동 의미**를 가진다. 디포넌트 동사는 대체로 세 종류로 구분 가능하다.

① 상호적 : 두 당사자를 필요로 하는 상황(한쪽 당사자가 사라지면 행위 자체가 불가능한 상황)을 기술하는 동사.
  예) δέχομαι(나는 받아들인다, 나는 환대한다), ἰάομαι(나는 치료한다), μάχομαι(나는 싸운다), ψεύδομαι(나는 거짓말 한다), ἀποκρίνομαι(나는 대답한다)

② 재귀적 : 행위가 행위 주체에게 되돌아오는 상황을 기술.
  예) ἐπενδύομαι(나는 입는다), μιμέομαι(나는 흉내낸다), ἐγκρατεύομαι(나는 삼간다)

③ 자기 관여 : 주어 자신만이 경험할 수 있는 것을 표현.
  예) ἔρχομαι(나는 간다), διαλογίζομαι(나는 숙고한다), ἡγέομαι(나는 고려한다), ὀργίζομαι(나는 화낸다), βούλομαι(나는 원한다)

---

21) 일부 동사의 경우 능동태와 중간태 형태가 모두 존재하나 그 의미가 상이하다. 가령 능동형 ἄρχω는 '나는 지배한다'를 뜻하는 반면, ἄρχομαι는 '나는 시작한다'를 의미한다.

5. 직설법 중간태 미래 어형변화

1) λύω 동사의 중간태 미래 직설법

미래 직설법 중간태의 어미는 현재 직설법 중간태 어미 앞에 다음과 같이 σ를 첨가한 것이다.

	단수	복수
1인칭	$-\sigma o-\mu\alpha\iota$	$-\sigma o-\mu\epsilon\theta\alpha$
2인칭	$-\sigma\epsilon-\sigma\alpha\iota$	$-\sigma\epsilon-\sigma\theta\epsilon$
3인칭	$-\sigma\epsilon-\tau\alpha\iota$	$-\sigma o-\nu\tau\alpha\iota$

λύω 동사의 중간태 미래 직설법 어형변화는 다음과 같다.

	단수	복수
1인칭	$\lambda\acute{u}-\sigma o-\mu\alpha\iota$ [22]	$\lambda u-\sigma\acute{o}-\mu\epsilon\theta\alpha$
2인칭	$\lambda\acute{u}-\sigma-\eta$ [23]	$\lambda\acute{u}-\sigma\epsilon-\sigma\theta\epsilon$
3인칭	$\lambda\acute{u}-\sigma\epsilon-\tau\alpha\iota$	$\lambda\acute{u}-\sigma o-\nu\tau\alpha\iota$

---

22) 중간태 λύσομαι는 '나는 나 자신을 풀 것이다' '나는 나 자신을 위해 풀 것이다' '나 스스로 풀 것이다' 등으로 번역 가능하다.

23) 본래 λύω 동사의 중간태 미래 직설법 2인칭 단수형은 λύ-σε-σαι이지만, 마지막 음절의 σ가 탈락하고 모음 ε와 αι가 축약되면서 ση가 되었다.

2) εἰμί의 직설법 미래 어형변화

εἰμί 동사는 의미상 수동태와 중간태가 없으나, 다음 변화표에서 볼 수 있듯이 직설법 미래 어형변화에 있어서 마치 중간태 미래형처럼 변화한다.

	단수	복수
1인칭	ἔ−σο−μαι	ἐ−σό−μεθα
2인칭	ἔ−σ−η [24]	ἔ−σε−σθε
3인칭	ἔ−σ−ται	ἔ−σο−νται

6. 수동 및 중간태 직설법 완료형

헬라어의 완료시제는 과거가 아니라 현재시제군에 속한다. 따라서 수동 및 중간태 직설법 완료시제의 어미도 수동 및 중간태 직설법 현재시제의 어미처럼 −μαι, −σαι, −ται, −μεθα, −σθε, −νται가 된다. 다만 현재시제와는 달리 어미 앞에 가변모음(ο 또는 ε)이 붙지 않으며, 완료시제임을 나타내기 위해서 동사 어간의 첫 자음이 중복 사용된다. λύω 동사의 수동 및 중

---

24) 본래 εἰμί 동사의 중간태 미래 직설법 2인칭 단수형은 ἔ−σε−σαι이지만, 마지막 음절의 σ가 탈락하고 모음 ε와 αι가 축약되면서 ση가 되었다.

간태 직설법 완료시제 어형변화를 살펴보자.

	단수	복수
1인칭	λέ-λυ-μαι [25]	λε-λύ-μεθα
2인칭	λέ-λυ-σαι	λέ-λυ-σθε
3인칭	λέ-λυ-ται	λέ-λυ-νται

한편 동사 어간이 자음(특히 무성음)으로 끝날 경우, 발음상 문제로 어간 마지막 자음이 다음과 같이 변한다.

① 동사 어간이 순음(π, β, φ)으로 끝나는 경우 + μ = μμ.
예) λέλειμμαι.
동사 어간이 치음(ζ, τ, δ, θ)으로 끝나는 경우 + μ = σμ.
예) πέπεισμαι.
동사 어간이 구개음(κ, γ, χ)이나 σσ(ττ)로 끝나는 경우 +
μ = γμ.
예) πέπλεγμαι.

---

25) λέ-λυ-μαι가 중간태로 사용되면 '나는 나 자신을 풀었다. (그래서 지금 나는 자유롭다.)' 또는 '나는 나 자신을 위해서 풀었다'를 의미하는 반면, 수동태로 사용되었을 경우에는 '나는 (누군가 다른 사람에 의해) 풀려났다. (그래서 지금 자유롭다.)'를 뜻한다.

② 동사 어간이 순음(π, β, φ)으로 끝나는 경우 + σ = ψ.

예) λέλειψαι.

동사 어간이 치음(ζ, τ, δ, θ)으로 끝나는 경우 + σ = (자음 생략) + σ.

예) ἥρπασαι.

동사 어간이 구개음(κ, γ, χ)이나 σσ(ττ)로 끝나는 경우 + σ = ξ.

예) πέπλεξαι.

③ 동사 어간이 순음(π, β, φ)으로 끝나는 경우 + τ = πτ.

예) βέβλαπται.

동사 어간이 치음(ζ, τ, δ, θ)으로 끝나는 경우 + τ = στ.

예) πέπεισται.

동사 어간이 구개음(κ, γ, χ)이나 σσ(ττ)로 끝나는 경우 + τ = κτ.

예) τέτακται.

다음의 변화표를 참고하자.

			λείπω (나는 떠난다)	ἁρπάζω (나는 꽉 잡는다)	πλέκω (나는 짠다)
완료형	단수	1인칭	λέ–λει–μμαι	ἥρπα–σμαι	πέ–πλε–γμαι
		2인칭	λέ–λει–ψαι	ἥρπα–σαι	πέ–πλε–ξαι
		3인칭	λέ–λει–πται	ἥρπα–σται	πέ–πλε–κται
	복수	1인칭	λε–λεί–μμεθα	ἡρπά–σμεθα	πε–πλέ–γμεθα
		2인칭	λέ–λει–φθε [26]	ἥρπα–σθε	πέ–πλε–χθε [27]
		3인칭	λε–λει–μμένοι εἰσί	ἥρπα–σμένοι εἰσί	πε–πλε–γμένοι εἰσί

7. 수동 및 중간태 직설법 과거완료시제와 미완료시제 그리고 직설법 부정과거 중간태

1) 수동 및 중간태 직설법 미완료 변화형과 중간태 직설법 부정과거 변화형

현재시제와 미래시제 그리고 완료시제는 현재시제군에 속하

---

26) λείπω의 수동 및 중간태 직설법 완료시제 2인칭 복수 변화형은 본래 λέ–λειπ–σθε이지만, σ가 두 자음 사이에 위치했기 때문에 발음상 문제로 생략되었고, π는 θ의 영향으로 φ로 변했다. 그래서 변화형이 λέ–λει–φθε가 되었다.

27) πλέκω의 수동 및 중간태 직설법 완료시제 2인칭 복수 변화형은 본래 πέ–πλεγ–σθε이나, σ가 두 자음 사이에 위치했기 때문에 발음상 문제로 생략되었으며, γ는 θ의 영향으로 χ로 변했다. 그래서 변화형이 πέ–πλε–χθε로 되었다.

므로 현재시제군 어미 -μαι, -σαι, -ται, -μεθα, -σθε, νται 를 붙인다. 하지만 미완료나 부정과거 과거완료는 과거시제군에 속한다. 과거시제군 수동 및 중간태 어미는 다음과 같다.

	단수	복수
1인칭	-μην	-μεθα
2인칭	-σο	-σθε
3인칭	-το	-ντο

λύω 동사의 수동 및 중간태 직설법 미완료시제 어형변화와 중간태 직설법 부정과거시제 어형변화는 다음과 같다.

		수동 및 중간태 직설법 미완료	중간태 직설법 부정과거
단수	1인칭	ἐ-λυ-ό-μην	ἐ-λυ-σά-μην
	2인칭	ἐ-λύ-ου [28]	ἐ-λύ-σ-ω[29]
	3인칭	ἐ-λύ-ε-το	ἐ-λύ-σα-το
복수	1인칭	ἐ-λυ-ό-μεθα	ἐ-λυ-σά-μεθα
	2인칭	ἐ-λύ-ε-σθε	ἐ-λύ-σα-σθε
	3인칭	ἐ-λύ-ο-ντο	ἐ-λύ-σα-ντο

---

28) λύω 동사의 수동 및 중간태 직설법 미완료시제 2인칭 단수형태는 본래 ἐ-λύ-ε-σο이지만, σ가 탈락하고 모음 ε와 ο가 축약되어 ἐ-λύ-ου가 되었다.

29) λύω 동사의 중간태 직설법 부정과거시제 2인칭 단수형태는 본래 ἐ-λύ-σα-σο이지만, 마지막 음절의 σ가 탈락하고 모음 α와 ο가 축약되어 ἐ-λύ-σ-ω가 되었다.

위의 변화표에서 다음과 같은 점에 유의해야 한다.

① 수동 및 중간태 직설법 미완료와 중간태 직설법 부정과거는 모두 과거시제군에 속하므로 과거시제임을 나타내 주는 접두모음 ε를 어간 앞에 첨가한다.

② 수동 및 중간태 직설법 미완료나 중간태 직설법 부정과거에는 과거시제 어미 -μην, -σο, -το, -μεθα, -σθε, -ντο가 붙으나, 수동 및 중간태 직설법 미완료에는 어미 앞에 가변모음 ε 혹은 ο가 첨가되는 반면, 중간태 직설법 부정과거의 경우 어미 앞에 -σα가 첨가된다.

③ 단수 2인칭의 경우, 어미 첫 자음 σ가 탈락하면서 모음이 축약된다.

2) 중간태 직설법 제2부정과거

능동태의 경우와 마찬가지로 중간태의 경우도 부정과거 변화형에 두 가지 유형이 있다. 제2부정과거형은 어간 자체가 변하면서 미완료 과거시제 어미가 붙는다. λείπω 동사의 중간태 직설법 제2부정과거 어형변화를 살펴보자.

	단수	복수
1인칭	$\dot{\varepsilon}$-$\lambda\iota\pi$-$\acute{o}$-$\mu\eta\nu$[30]	$\dot{\varepsilon}$-$\lambda\iota\pi$-$\acute{o}$-$\mu\varepsilon\theta\alpha$
2인칭	$\dot{\varepsilon}$-$\lambda\acute{\iota}\pi$-ov[31]	$\dot{\varepsilon}$-$\lambda\acute{\iota}\pi$-ε-$\sigma\theta\varepsilon$
3인칭	$\dot{\varepsilon}$-$\lambda\acute{\iota}\pi$-ε-τo	$\dot{\varepsilon}$-$\lambda\acute{\iota}\pi$-o-$\nu\tau o$

3) 수동 및 중간태 직설법 과거완료시제

수동 및 중간태 직설법 과거완료시제 변화형은 기본적으로 수동 및 중간태 완료형 어간에 과거시제임을 나타내 주는 접두모음 $\dot{\varepsilon}$와 수동 및 중간태 과거시제 어미 -$\mu\eta\nu$, -σo, -τo, -$\mu\varepsilon\theta\alpha$, -$\sigma\theta\varepsilon$, -$\nu\tau o$를 첨가함으로써 만들어진다.[32] $\lambda\acute{v}\omega$ 동사의 수동 및 중간태 직설법 과거완료시제 어형변화는 다음과 같다.

	단수	복수
1인칭	$\dot{\varepsilon}$-$\lambda\varepsilon$-$\lambda\acute{v}$-$\mu\eta\nu$	$\dot{\varepsilon}$-$\lambda\varepsilon$-$\lambda\acute{v}$-$\mu\varepsilon\theta\alpha$
2인칭	$\dot{\varepsilon}$-$\lambda\acute{\varepsilon}$-$\lambda v$-$\sigma o$	$\dot{\varepsilon}$-$\lambda\acute{\varepsilon}$-$\lambda v$-$\sigma\theta\varepsilon$
3인칭	$\dot{\varepsilon}$-$\lambda\acute{\varepsilon}$-$\lambda v$-$\tau o$	$\dot{\varepsilon}$-$\lambda\acute{\varepsilon}$-$\lambda v$-$\nu\tau o$

---

30) $\lambda\varepsilon\acute{\iota}\pi\omega$ 동사의 수동 및 중간태 직설법 미완료 1인칭 단수 변화형은 $\dot{\varepsilon}$-$\lambda\varepsilon\iota\pi$-$\acute{o}$-$\mu\eta\nu$이다. 미완료시제의 경우 동사 어간이 현재시제과 마찬가지로 $\lambda\varepsilon\iota\pi$-인 반면, 제2부정과거시제 어간은 $\lambda\iota\pi$-로 바뀜에 유의할 것.

31) $\lambda\varepsilon\acute{\iota}\pi\omega$ 동사의 중간태 직설법 제2부정과거시제 2인칭 단수형태는 본래 $\dot{\varepsilon}$-$\lambda\acute{\iota}\pi$-ε-σo이지만, σ가 탈락하고 모음 ε와 o가 축약되어 $\dot{\varepsilon}$-$\lambda\acute{\iota}\pi$-ov가 되었다.

32) 접두모음 $\dot{\varepsilon}$는 때때로 생략되기도 한다.

8. 수동태 직설법 부정과거시제와 미래시제

수동태와 중간태는 대부분의 시제에 있어서 동일하게 어형변화하지만, 부정과거와 미래시제의 경우 그 변화형이 상이하다. 중간태 미래시제와 부정과거 어형변화에 관해서는 이미 위에서 살펴본 바 있으므로, 지금부터는 수동태 직설법 부정과거와 미래시제에 대해 살펴보자.

1) 수동태 직설법 제1부정과거 어형변화

$\lambda \acute{\upsilon}\omega$ 동사의 수동태 직설법 부정과거 어형변화는 다음과 같다.

	단수	복수
1인칭	$\dot{\epsilon}$-$\lambda\acute{\upsilon}$-$\theta\eta\nu$	$\dot{\epsilon}$-$\lambda\acute{\upsilon}$-$\theta\eta\mu\epsilon\nu$
2인칭	$\dot{\epsilon}$-$\lambda\acute{\upsilon}$-$\theta\eta\varsigma$	$\dot{\epsilon}$-$\lambda\acute{\upsilon}$-$\theta\eta\tau\epsilon$
3인칭	$\dot{\epsilon}$-$\lambda\acute{\upsilon}$-$\theta\eta$	$\dot{\epsilon}$-$\lambda\acute{\upsilon}$-$\theta\eta\sigma\alpha\nu$

위의 변화표에서 다음과 같은 점에 유의해야 한다.

① 부정과거시제는 과거시제군에 속하므로 과거시제임을 나타내주는 접두모음 $\dot{\epsilon}$를 어간 앞에 첨가한다.

② 수동태임을 나타내주는 -θε(또는 -θη)를 어미 앞부분에 첨가한다.

③ 과거시제임을 나타내주는 어미 -ν, -ς, -, -μεν, -τε, -σαν을 붙인다.

2) 수동태 직설법 제2부정과거 어형변화[33]

수동태 직설법 제2부정과거 어형변화의 경우, 동사 어간이 변하며 수동태임을 나타내는 -θ-가 사라진다. 하지만 이러한 차이점 이외에는 제1부정과거 어형변화와 거의 유사하다. γράφω(나는 쓴다)의 수동태 직설법 제2부정과거 어형변화는 다음과 같다.

	단수	복수
1인칭	ἐ‒γράφ‒ην	ἐ‒γράφ‒ημεν
2인칭	ἐ‒γράφ‒ης	ἐ‒γράφ‒ητε
3인칭	ἐ‒γράφ‒η	ἐ‒γράφ‒ησαν

이와 마찬가지로 ἀναγγέλλω(나는 선언한다)의 수동태 제2부정과거 1인칭 단수변화형은 ἀνηγγέλην이며, θάπτω(나는

---

33) 제2부정과거 수동태와 중간태는 신약성경에 자주 사용되지 않는다.

묻는다)의 수동태 제2부정과거 1인칭 단수형은 ἐτάφην이다.

3) 수동태 직설법 제1미래 어형변화

λύω 동사의 수동태 직설법 미래시제 어형변화는 다음과 같다.

	단수	복수
1인칭	λυ-θή-σο-μαι[34]	λυ-θη-σό-μεθα
2인칭	λυ-θή-σ-η [35]	λυ-θή-σε-σθε
3인칭	λυ-θή-σε-ται	λυ-θή-σο-νται

4) 수동태 직설법 제2미래 어형변화

수동태 직설법 제2미래 변화형의 경우, 수동태임을 나타내는 형태소 -θ-가 사라진다. 가령 γράφω(나는 쓴다)의 수동태 직설법 미래시제 어형변화는 다음과 같다.

---

34) λύω 동사의 중간태 직설법 미래시제 1인칭단수형은 λύ-σο-μαι인 반면, 수동태 직설법 미래시제는 λυ-θή-σο-μαι이다. 수동형임을 나타내는 -θη-가 어미에 첨가됨에 유의할 것.

35) 본래 λύω 동사의 수동태 미래 직설법 2인칭 단수형은 λυ-θή-σε-σαι이지만, 마지막 음절의 σ가 탈락하고 모음 ε와 αι가 축약되면서 ση가 되었다.

	단수	복수
1인칭	γραφ–ή–σο–μαι	γραφ–η–σό–μεθα
2인칭	γραφ–ή–σ–η [36]	γραφ–ή–σε–σθε
3인칭	γραφ–ή–σε–ται	γραφ–ή–σο–νται

5) 불규칙 수동형

어간이 자음(특히 무성음)으로 끝나는 경우, 그 뒤에 수동형임을 나타내 주는 형태소 θ가 오게 되면 θ의 영향으로 자음이 다음과 같이 변한다.

$$\kappa, \gamma, \chi + \theta = \chi\theta$$
$$\pi, \beta, \phi + \theta = \phi\theta$$
$$\tau, \delta, \theta + \theta = \sigma\theta$$

---

36) 본래 γράφω의 수동태 미래 직설법 2인칭 단수형은 γραφ–ή–σε–σαι이지만, 마지막 음절의 σ가 탈락하고 모음 ε와 αι가 축약되면서 ση가 되었다.

다음의 변화표를 살펴보자.

직설법 능동 현재형	직설법 수동 부정과거	직설법 수동 미래시제
ἄγ–ω (나는 이끈다)	ἤχ-θην	ἀχ-θή–σο–μαι
βαπτίζ–ω (나는 세례 준다)	ἐ–βαπτίσ-θην	βαπτισ-θή–σο–μαι
πείθ–ω (나는 설득한다)	ἐ–πείσ-θην	πεισ-θή–σο–μαι

연습문제

• 다음 문장에서 진하게 표시된 부분을 해석하시오.

1) **ἤγγικεν** ἡ βασιλεία τοῦ θεοῦ (막 1:15)

2) **τετήρηκας** τὸν καλὸν οἶνον ἕως ἄρτι (요 2:10)

3) οὔτε φωνὴν αὐτοῦ πώποτε **ἀκηκόατε** οὔτε εἶδος αὐτοῦ **ἑωράκατε**. (요 5:37)

4) Μωυσῆς **δέδωκεν** ὑμῖν τὴν περιτομήν. (요 7:22)

5) ὃ **γέγραφα**, **γέγραφα**. (요 19:22)

6) καὶ **ἐξεπορεύετο** πρὸς αὐτὸν πᾶσα ἡ Ἰουδαία χώρα καὶ οἱ Ἱεροσλυμῖται πάντες, καὶ **ἐβαπτίζοντο** ὑπ᾽ αὐτοῦ (막 1:5)

7) τὸν μὲν πρῶτον λόγον **ἐποιησάμην** περὶ πάντων (행 1:1)

8) ὁ δὲ ἀγαπῶν με **ἀγαπηθήσεται** ὑπὸ τοῦ πατρὸς μου, κἀγὼ ἀγαπήσω αὐτὸν (요 14:21)

9) πάντα δι᾽ αυτοῦ **ἐγένετο**, καὶ χωρὶς αυτοῦ ἐγένετο οὐδὲ ἕν. (요 1:3)

10) νῦν **ἐδοξάσθη** ὁ υἱὸς τοῦ ἀνθρώπου, καὶ ὁ θεὸς **ἐδοξάσθη** ἐν αὐτῷ... καὶ ὁ θεὸς δοξάσει αὐτὸν ἐν

αὐτῷ (요 13:31~32)

11) καὶ γὰρ ἐν ἑνὶ πνεύματι ἡμεῖς πάντες εἰς ἓν σῶμα **ἐβαπτίσθημεν**… καὶ πάντες ἓν πνεῦμα **ἐποτίσθημεν** (고전 12:13)

12) οὕτως πᾶς Ἰσραὴλ **σωθήσεται** (롬 11:26)

13) πᾶν οὖν δένδρον μὴ ποιοῦν καρπὸν καλὸν **ἐκκόπτεται** καὶ εἰς πῦρ **βάλλεται** (마 3:10)

14) οὐ γὰρ **νίπτονται** τὰς χεῖρας αὐτῶν ὅταν ἄρτον ἐσθίωσιν (마 15:2)

15) νῦν ὁ ἄρχων τοῦ κόσμου τούτου **ἐκβληθήσεται** ἔξω (요 12:31)

제9강
축약동사와 유음동사, 분사

주요 학습내용
○ 헬라어 축약동사와 유음동사 어형변화에 관해 학습한다. ○ 분사의 어형변화와 용법에 관해 학습한다.

1. 축약동사

 헬라어 동사 중에는 어간이 단모음(-α, -ε, -o)으로 끝나는 동사들이 있다. 그런데 이러한 동사들이 어형변화를 하게 되어 어간 뒤에 가변모음 ε나 o가 위치하면 모음충돌이 일어날 수 있다. 따라서 모음충돌을 회피하기 위해 모음이 축약해서 하나의 장모음 혹은 이중모음을 형성하게 된다.

 예) φιλε+ετε=φιλεῖτε.

 이러한 동사를 '축약동사'라고 부른다. 헬라어의 모음 축약 규칙은 대체로 다음과 같다.

모음축약규칙	예
α + (ε 또는 η) = α	τιμα + ετε = τιμᾶτε
α + (o, ω 또는 ου) = ω	τιμα + ομεν = τιμῶμεν
α + ι를 포함한 모음 = ᾳ	τιμα + ει = τιμᾷ
ε + ε = ει	φιλε + ετε = φιλεῖτε
ε + o = ου	φιλε + ομεν = φιλοῦμεν
ε + 장모음 또는 이중모음 = ε 탈락	φιλε + ει = φιλεῖ
o + 장모음 = ω	διλο + ω = διλῶ
o + 단모음 또는 ου = ου	διλο + ομεν = διλοῦμεν
o + ι를 포함한 모음 = οι	διλο + ει = διλοῖ

 그러면 이제 축약동사의 동사변화형을 살펴보자. τιμάω(내가 존경하다)와 φιλέω(내가 사랑하다), δηλόω(내가 보여주다)의 현재 및 미완료과거 어형변화는 다음과 같다.

1) 직설법 현재

직설법 능동 현재형			
단수	1인칭(나는)	τιμῶ (ά–ω)	φιλῶ (έ–ω)	δηλῶ (ό–ω)
	2인칭(너는)	τιμᾷς (ά–εις)	φιλεῖς (έ–εις)	δηλοῖς (ό–εις)
	3인칭(그는/그녀는)	τιμᾷ (ά–ει)	φιλεῖ (έ–ει)	δηλοῖ (ό–ει)
복수	1인칭(우리는)	τιμῶμεν (ά–ομεν)	φιλοῦμεν (έ–ομεν)	δηλοῦμεν (ό–ομεν)
	2인칭(너희는)	τιμᾶτε (ά–ετε)	φιλεῖτε (έ–ετε)	δηλοῦτε (ό–ετε)
	3인칭(그들은)	τιμῶσι(ν) (ά–ουσι)	φιλοῦσι(ν) (έ–ουσι)	δηλοῦσι(ν) (ό–ουσι)

직설법 중간–수동태 현재형			
단수	1인칭	τιμῶμαι (ά–ομαι)	φιλοῦμαι (έ–ομαι)	δηλοῦμαι (ό–ομαι)
	2인칭	τιμᾷ (ά–ῃ)	φιλῇ (έ–ῃ)	δηλοῖ (ό–ῃ)
	3인칭	τιμᾶται (ά–εται)	φιλεῖται (έ–εται)	δηλοῦται (ό–εται)
복수	1인칭	τιμώμεθα (α–όμεθα)	φιλούμεθα (ε–όμεθα)	δηλούμεθα (ο–όμεθα)
	2인칭	τιμᾶσθε (ά–εσθε)	φιλεῖσθε (έ–εσθε)	δηλοῦσθε (ό–εσθε)
	3인칭	τιμῶνται (ά–ονται)	φιλοῦνται (έ–ονται)	δηλοῦνται (ό–ονται)

2) 직설법 미완료과거

직설법 능동 미완료과거				
단수	1인칭	ἐ–τίμων (α–ον)	ἐ–φίλουν (ε–ον)	ἐ–δήλουν (ο–ον)
	2인칭	ἐ–τίμας (α–ες)	ἐ–φίλεις (ε–ες)	ἐ–δήλους (ο–ες)
	3인칭	ἐ–τίμα (α–ε)	ἐ–φίλει (ε–ε)	ἐ–δήλου (ο–ε)
복수	1인칭	ἐ–τιμῶμεν (ά–ομεν)	ἐ–φιλοῦμεν (έ–ομεν)	ἐ–δηλοῦμεν (ό–ομεν)
	2인칭	ἐ–τιμᾶτε (ά–ετε)	ἐ–φιλεῖτε (έ–ετε)	ἐ–δηλοῦτε (ό–ετε)
	3인칭	ἐ–τίμων (α–ον)	ἐ–φίλουν (ε–ον)	ἐ–δήλουν (ο–ον)

직설법 중간–수동태 미완료과거				
단수	1인칭	ἐ–τιμώμην (α–όμην)	ἐ–φιλούμην (ε–όμην)	ἐ–δηλούμην (ο–όμην)
	2인칭	ἐ–τιμῶ (ά–ου)	ἐ–φιλοῦ (έ–ου)	ἐ–δηλοῦ (ό–ου)
	3인칭	ἐ–τιμᾶτο (ά–ετο)	ἐ–φιλεῖτο (έ–ετο)	ἐ–δηλοῦτο (ό–ετο)
복수	1인칭	ἐ–τιμώμεθα (α–όμεθα)	ἐ–φιλούμεθα (ε–όμεθα)	ἐ–δηλούμεθα (ο–όμεθα)
	2인칭	ἐ–τιμᾶσθε (ά–εσθε)	ἐ–φιλεῖσθε (έ–εσθε)	ἐ–δηλοῦσθε (ό–εσθε)
	3인칭	ἐ–τιμῶντο (ά–οντο)	ἐ–φιλοῦντο (έ–οντο)	ἐ–δηλοῦντο (ό–οντο)

3) 직설법 미래, 부정과거 및 완료

축약동사의 미래, 부정과거, 완료 변화는 다음과 같다.

미래 직설법 능동태	τιμή–σω	φιλή–σω	δηλώ–σω
미래 직설법 중간태	τιμή–σομαι	φιλή–σομαι	δηλώ–σομαι
미래 직설법 수동태	τιμηθή–σομαι	φιληθή–σομαι	δηλωθή–σομαι

부정과거 직설법 능동태	ἐ–τίμη–σα	ἐ–φίλη–σα	ἐ–δήλω–σα
부정과거 직설법 중간태	ἐ–τιμη–σάμην	ἐ–φιλη–σάμην	ἐ–δηλω–σάμην
부정과거 직설법 수동태	ἐ–τιμή–θην	ἐ–φιλή–θην	ἐ–δηλώ–θην

완료 직설법 능동태	τε–τίμη–κα	πε–φίλη–κα	δε–δήλω–κα
완료 직설법 중간–수동태	τε–τίμη–μαι	πε–φίλη–μαι	δε–δήλω–μαι

위의 변화표에서 볼 수 있듯이 **축약동사는 현재시제와 미완료과거시제 변화에서만 축약**이 되는 반면, 다른 시제에서는 축약이 일어나지 않는다. 한편 일부 예외(가령 καλέω)를 제외하면 **미래시제와 부정과거시제, 완료시제 어형변화에서 축약동사의 어간 마지막 모음은 장모음화**된다(즉 α나 ε는 η로, ο 는 ω로 변화).

2. 유음동사

어간이 유음(λ, μ, ν, ϱ)으로 끝나는 동사의 경우, 어형변화가 다음과 같이 이루어진다.

먼저 본래 능동태 미래시제의 어형변화 규칙은 동사 어간 뒤에 σ가 삽입된 후 어미(ω, εις, ει, ομεν, ετε, ουσι)가 붙는 것이지만, 동사 어간이 유음으로 끝나는 경우 발음상 문제로 σ가 탈락하고, 대신 ε가 삽입된 후 어미와 축약한다. 가령 μένω(내가 머무르다)의 능동태 미래시제 변화형은 본래 μένσω이지만, σ가 탈락하고 ε이 삽입되어 μενέω가 되었다가 다시 ε와 어미가 축약하여 μενῶ(내가 머물 것이다)가 된다.

한편 유음동사의 능동태 부정과거 어형변화의 경우에는, σ가 탈락하는 대신 어간의 모음이 장모음화된다. 가령 μένω(내가 머무르다)의 능동태 부정과거 변화형은 ἔμενσα가 아니라 ἔμεινα(내가 머물렀다)가 된다.

신약성경에서 주로 사용되는 유음동사의 능동태 현재와 미래 및 제1부정과거 변화형은 다음 표와 같다.

능동태 현재시제	능동태 미래시제	능동태 제1부정과거시제
ἀγγέλλω (내가 알리다)	ἀγγελῶ	ἤγγειλα
αἴρω (내가 거두다, 빼앗다)	ἀρῶ	ἦρα
ἀποκτείνω (내가 죽이다)	ἀποκτενῶ	πέκτεινα
ποστέλλω (내가 보내다)	ἀποστελῶ	ἀπέστειλα
ἐγείρω (내가 일으키다)	ἐγερῶ	ἤγειρα
κρίνω (내가 판단하다)	κρινῶ	ἔκρινα
μένω (내가 머무르다)	μενῶ	ἔμεινα
σπείρω (내가 씨뿌리다)	σπειρῶ	ἔσπειρα

3. 분사 (동사적 형용사)

헬라어 분사는 **형용사적인 기능을 갖기 때문에 성, 수, 격에 일치해서 어형변화**를 한다. 그러나 다른 한편으로 분사는 본래 **동사이기 때문에 시제와 태**를 가진다. 헬라어 분사의 기본적 시제는 현재, 부정과거 그리고 완료시제다. 성경헬라어에서 미래분사는 거의 사용되지 않으므로 초급문법에서는 학습하지 않아도 무방하다.

1) 분사의 형태

헬라어 분사어형변화는 다음 표에서 볼 수 있듯이 크게 넷으로 구분된다. [37]

	남성	여성	중성
유형 1	주격 $-\omega\nu$ 소유격 $-o\nu\tau o\varsigma$	주격 $-o\upsilon\sigma\alpha$ 소유격 $-o\upsilon\sigma\eta\varsigma$	주격 $-o\nu$ 소유격 $-o\nu\tau o\varsigma$
유형 2	주격 $-\sigma\alpha\varsigma$ 소유격 $-\sigma\alpha\nu\tau o\varsigma$	주격 $-\sigma\alpha\sigma\alpha$ 소유격 $-\sigma\alpha\sigma\eta\varsigma$	주격 $-\sigma\alpha\nu$ 소유격 $-\sigma\alpha\nu\tau o\varsigma$
유형 3	주격 $-\theta\epsilon\iota\varsigma$ 소유격 $-\theta\epsilon\nu\tau o\varsigma$	주격 $-\theta\epsilon\iota\sigma\alpha$ 소유격 $-\theta\epsilon\iota\sigma\eta\varsigma$	주격 $-\theta\epsilon\nu$ 소유격 $-\theta\epsilon\nu\tau o\varsigma$
유형 4	주격 $-\kappa\omega\varsigma$ 소유격 $-\kappa o\tau o\varsigma$	주격 $-\kappa\upsilon\iota\alpha$ 소유격 $-\kappa\upsilon\iota\alpha\varsigma$	주격 $-\kappa o\varsigma$ 소유격 $-\kappa o\tau o\varsigma$

---

37) 모든 능동형 분사는 남성과 중성에서 제3변화 형태로 어형변화를 하는 반면, 중간-수동형 분사는 남성과 중성에서 제2변화 형태로 어형변화한다.

① 유형 1

첫 번째 유형의 헬라어 분사는 다음과 같이 어형변화한다.

	단수			복수		
	남성	여성	중성	남성	여성	중성
주격	$-\omega\nu$	$-ου\sigma\alpha$	$-ον$	$-ον\tau\varepsilon\varsigma$	$-ου\sigma\alpha\iota$	$-ον\tau\alpha$
소유격	$-ον\tau ο\varsigma$	$-ου\sigma\eta\varsigma$	$-ον\tau ο\varsigma$	$-ον\tau\omega\nu$	$-ου\sigma\omega\nu$	$-ον\tau\omega\nu$
여격	$-ον\tau\iota$	$-ου\sigma\eta$	$-ον\tau\iota$	$-ου\sigma\iota(\nu)$	$-ου\sigma\alpha\iota\varsigma$	$-ου\sigma\iota(\nu)$
목적격	$-υν\tau\alpha$	$-ου\sigma\alpha\nu$	$-ον$	$-ον\tau\alpha\varsigma$	$-ου\sigma\alpha\varsigma$	$-ον\tau\alpha$

가령 동사 $\lambda\acute{υ}\omega$의 현재분사 능동형 어형변화는 다음과 같다.

	단수			복수		
	남성	여성	중성	남성	여성	중성
주격	$\lambda\acute{υ}-\omega\nu$	$\lambda\acute{υ}-ου\sigma\alpha$	$\lambda\tilde{υ}-ον$	$\lambda\acute{υ}-ον\tau\varepsilon\varsigma$	$\lambda\acute{υ}-ου\sigma\alpha\iota$	$\lambda\acute{υ}-ον\tau\alpha$
소유격	$\lambda\acute{υ}-ον\tau ο\varsigma$	$\lambda υ-ού\sigma\eta\varsigma$	$\lambda\acute{υ}-ον\tau ο\varsigma$	$\lambda υ-όν\tau\omega\nu$	$\lambda υ-ου\sigma\omega\nu$	$\lambda υ-όν\tau\omega\nu$
여격	$\lambda\acute{υ}-ον\tau\iota$	$\lambda υ-ού\sigma\eta$	$\lambda\acute{υ}-ον\tau\iota$	$\lambda\acute{υ}-ου\sigma\iota(\nu)$[38]	$\lambda υ-ού\sigma\alpha\iota\varsigma$	$\lambda\acute{υ}-ου\sigma\iota(\nu)$
목적격	$\lambda\acute{υ}-ον\tau\alpha$	$\lambda\acute{υ}-ου\sigma\alpha\nu$	$\lambda\tilde{υ}-ον$	$\lambda\acute{υ}-ον\tau\alpha\varsigma$	$\lambda υ-ού\sigma\alpha\varsigma$	$\lambda\acute{υ}-ον\tau\alpha$

---

38) $\lambda\acute{υ}\omega$의 능동 현재분사 복수 여격 분사형태 $\lambda\acute{υ}-ου\sigma\iota(\nu)$은 직설법 능동 현재 3인칭복수 변화형과 동일하다. 어떤 형태인지는 문맥상 결정해야 한다.

위의 변화표에서 볼 수 있듯이, 남성형과 중성형은 제3변화 명사(가령 ἄρχων)처럼 어형변화하는 반면, 여성형은 제1변화 명사(가령 δόξα)처럼 어형변화한다.

유형 1에 속하는 헬라어 분사는 다음과 같다.

- λύω나 φιλέω 같은 동사의 **현재 능동형 분사**
- λείπω 같은 동사의 **제2부정과거 능동형 분사**
- εἰμί **동사의 현재분사** [39]

---

39) φιλέω의 능동형 현재분사, λείπω의 능동형 제2부정과거 분사, εἰμί 동사의 현재분사는 각각 다음과 같이 어형변화한다.

남성	여성	중성
φιλῶν φιλοῦντος ...	φιλοῦσα φιλούσης ...	φιλοῦν φιλοῦντος ...

남성	여성	중성
λιπῶν λιπόντος ...	λιποῦσα λιπούσης ...	λιπόν λιπόντος ...

남성	여성	중성
ὤν ὄντος ...	οὖσα οὔσης ...	ὄν ὄντος ...

② 유형 2

두 번째 유형의 헬라어 분사(제1부정과거 능동형 분사)는 다음과 같이 어형변화한다.

	단수			복수		
	남성	여성	중성	남성	여성	중성
주격	$-\sigma\alpha\varsigma$	$-\sigma\alpha\sigma\alpha$	$-\sigma\alpha\nu$	$-\sigma\alpha\nu\tau\epsilon\varsigma$	$-\sigma\alpha\sigma\alpha\iota$	$-\sigma\alpha\nu\tau\alpha$
소유격	$-\sigma\alpha\nu\tau\sigma\varsigma$	$-\sigma\alpha\sigma\eta\varsigma$	$-\sigma\alpha\nu\tau\sigma\varsigma$	$-\sigma\alpha\nu\tau\omega\nu$	$-\sigma\alpha\sigma\omega\nu$	$-\sigma\alpha\nu\tau\omega\nu$
여격	$-\sigma\alpha\nu\tau\iota$	$-\sigma\alpha\sigma\eta$	$-\sigma\alpha\nu\tau\iota$	$-\sigma\alpha\sigma\iota(\nu)$	$-\sigma\alpha\sigma\alpha\iota\varsigma$	$-\sigma\alpha\sigma\iota(\nu)$
목적격	$-\sigma\alpha\nu\tau\alpha$	$-\sigma\alpha\sigma\alpha\nu$	$-\sigma\alpha\nu$	$-\sigma\alpha\nu\tau\alpha\varsigma$	$-\sigma\alpha\sigma\alpha\varsigma$	$-\sigma\alpha\nu\tau\alpha$

가령 동사 $\lambda\acute{\upsilon}\omega$의 제1부정과거 능동형 분사 어형변화는 다음과 같다.[40]

	단수			복수		
	남성	여성	중성	남성	여성	중성
주격	$\lambda\acute{\upsilon}-\sigma\alpha\varsigma$	$\lambda\acute{\upsilon}-\sigma\alpha\sigma\alpha$	$\lambda\tilde{\upsilon}-\sigma\alpha\nu$	$\lambda\acute{\upsilon}-\sigma\alpha\nu\tau\epsilon\varsigma$	$\lambda\acute{\upsilon}-\sigma\alpha\sigma\alpha\iota$	$\lambda\acute{\upsilon}-\sigma\alpha\nu\tau\alpha$
소유격	$\lambda\acute{\upsilon}-\sigma\alpha\nu\tau\sigma\varsigma$	$\lambda\upsilon-\sigma\acute{\alpha}\sigma\eta\varsigma$	$\lambda\acute{\upsilon}-\sigma\alpha\nu\tau\sigma\varsigma$	$\lambda\upsilon-\sigma\acute{\alpha}\nu\tau\omega\nu$	$\lambda\upsilon-\sigma\alpha\sigma\tilde{\omega}\nu$	$\lambda\upsilon-\sigma\acute{\alpha}\nu\tau\omega\nu$
여격	$\lambda\acute{\upsilon}-\sigma\alpha\nu\tau\iota$	$\lambda\upsilon-\sigma\acute{\alpha}\sigma\eta$	$\lambda\acute{\upsilon}-\sigma\alpha\nu\tau\iota$	$\lambda\acute{\upsilon}-\sigma\alpha\sigma\iota(\nu)$	$\lambda\upsilon-\sigma\acute{\alpha}\sigma\alpha\iota\varsigma$	$\lambda\acute{\upsilon}-\sigma\alpha\sigma\iota(\nu)$
목적격	$\lambda\acute{\upsilon}-\sigma\alpha\nu\tau\alpha$	$\lambda\acute{\upsilon}-\sigma\alpha\sigma\alpha\nu$	$\lambda\tilde{\upsilon}-\sigma\alpha\nu$	$\lambda\acute{\upsilon}-\sigma\alpha\nu\tau\alpha\varsigma$	$\lambda\upsilon-\sigma\acute{\alpha}\sigma\alpha\varsigma$	$\lambda\acute{\upsilon}-\sigma\alpha\nu\tau\alpha$

---

40) 직설법 제1부정과거시제 변화형에서 σ가 삽입되지 않는 동사의 경우, 부정과거 분사형에도 σ가 삽입되지 않는다. 가령 유음동사 $\dot{\alpha}\gamma\gamma\acute{\epsilon}\lambda\lambda\omega$(내가 전하다)의 직설법 능동태 제1부정과거 변화형은 $\mathring{\eta}\gamma\gamma\epsilon\iota\lambda\alpha$이며, 능동태 부정과거 분사형은 $\mathring{\alpha}\gamma\gamma\epsilon\iota\lambda\alpha\varsigma$이다.

③ 유형 3

세 번째 유형의 헬라어 분사(제1부정과거 수동형 분사)는 다음과 같이 어형변화한다.

	단수			복수		
	남성	여성	중성	남성	여성	중성
주격	$-\theta\epsilon\iota\varsigma$	$-\theta\epsilon\iota\sigma\alpha$	$-\theta\epsilon\nu$	$-\theta\epsilon\nu\tau\epsilon\varsigma$	$-\theta\epsilon\iota\sigma\alpha\iota$	$-\theta\epsilon\nu\tau\alpha$
소유격	$-\theta\epsilon\nu\tau\sigma\varsigma$	$-\theta\epsilon\iota\sigma\eta\varsigma$	$-\theta\epsilon\nu\tau\sigma\varsigma$	$-\theta\epsilon\nu\tau\omega\nu$	$-\theta\epsilon\iota\sigma\omega\nu$	$-\theta\epsilon\nu\tau\omega\nu$
여격	$-\theta\epsilon\nu\tau\iota$	$-\theta\epsilon\iota\sigma\eta$	$-\theta\epsilon\nu\tau\iota$	$-\theta\epsilon\iota\sigma\iota(\nu)$	$-\theta\epsilon\iota\sigma\alpha\iota\varsigma$	$-\theta\epsilon\iota\sigma\iota(\nu)$
목적격	$-\theta\epsilon\nu\tau\alpha$	$-\theta\epsilon\iota\sigma\alpha\nu$	$-\theta\epsilon\nu$	$-\theta\epsilon\nu\tau\alpha\varsigma$	$-\theta\epsilon\iota\sigma\alpha\varsigma$	$-\theta\epsilon\nu\tau\alpha$

가령 동사 $\lambda\acute{u}\omega$의 제1부정과거 수동형 분사 어형변화는 다음과 같다.

	단수			복수		
	남성	여성	중성	남성	여성	중성
주격	$\lambda\upsilon-\theta\epsilon\acute{\iota}\varsigma$	$\lambda\upsilon-\theta\epsilon\tilde{\iota}\sigma\alpha$	$\lambda\upsilon-\theta\acute{\epsilon}\nu$	$\lambda\upsilon-\theta\acute{\epsilon}\nu\tau\epsilon\varsigma$	$\lambda\upsilon-\theta\epsilon\tilde{\iota}\sigma\alpha\iota$	$\lambda\upsilon-\theta\acute{\epsilon}\nu\tau\alpha$
소유격	$\lambda\upsilon-\theta\acute{\epsilon}\nu\tau\sigma\varsigma$	$\lambda\upsilon-\theta\epsilon\acute{\iota}\sigma\eta\varsigma$	$\lambda\upsilon-\theta\acute{\epsilon}\nu\tau\sigma\varsigma$	$\lambda\upsilon-\theta\acute{\epsilon}\nu\tau\omega\nu$	$\lambda\upsilon-\theta\epsilon\iota\sigma\tilde{\omega}\nu$	$\lambda\upsilon-\theta\acute{\epsilon}\nu\tau\omega\nu$
여격	$\lambda\upsilon-\theta\acute{\epsilon}\nu\tau\iota$	$\lambda\upsilon-\theta\epsilon\acute{\iota}\sigma\eta$	$\lambda\upsilon-\theta\acute{\epsilon}\nu\tau\iota$	$\lambda\upsilon-\theta\epsilon\tilde{\iota}\sigma\iota(\nu)$	$\lambda\upsilon-\theta\epsilon\acute{\iota}\sigma\alpha\iota\varsigma$	$\lambda\upsilon-\theta\epsilon\tilde{\iota}\sigma\iota(\nu)$
목적격	$\lambda\upsilon-\theta\acute{\epsilon}\nu\tau\alpha$	$\lambda\upsilon-\theta\epsilon\acute{\iota}\sigma\alpha\nu$	$\lambda\upsilon-\theta\acute{\epsilon}\nu$	$\lambda\upsilon-\theta\acute{\epsilon}\nu\tau\alpha\varsigma$	$\lambda\upsilon-\theta\epsilon\acute{\iota}\sigma\alpha\varsigma$	$\lambda\upsilon-\theta\acute{\epsilon}\nu\tau\alpha$

마찬가지로 제2부정과거 수동형 분사의 경우도 위와 유사하게 어형변화한다. 가령 γράφω(내가 쓰다)의 제2부정과거 수동형 분사는 γραφείς, γραφεῖσα, γραφέν 등과 같이 어형변화한다.

④ 유형 4

네 번째 유형의 헬라어 분사(**능동완료형분사**)는 다음과 같이 어형변화한다.

	단수			복수		
	남성	여성	중성	남성	여성	중성
주격	‒κως	‒κυια	‒κος	‒κοτες	‒κυιαι	‒κοτα
소유격	‒κοτος	‒κυιας	‒κοτος	‒κοτων	‒κυιων	‒κοτων
여격	‒κοτι	‒κυιᾳ	‒κοτι	‒κοσι(ν)	‒κυιαις	‒κοσι(ν)
목적격	‒κοτα	‒κυιαν	‒κος	‒κοτας	‒κυιας	‒κοτα

가령 동사 λύω의 능동 완료 분사 어형변화는 다음과 같다.

	단수			복수		
	남성	여성	중성	남성	여성	중성
주격	λε–λυ–κώς	λε–λυ–κυῖα	λε–λυ–κός	λε–λυ–κότες	λε–λυ–κυῖαι	λε–λυ–κότα
소유격	λε–λυ–κότος	λε–λυ–κυίας	λε–λυ–κότος	λε–λυ–κότων	λε–λυ–κυιῶν	λε–λυ–κότων
여격	λε–λυ–κότι	λε–λυ–κυίᾳ	λε–λυ–κότι	λε–λυ–κόσι(ν)	λε–λυ–κυίαις	λε–λυ–κόσι(ν)
목적격	λε–λυ–κότα	λε–λυ–κυῖαν	λε–λυ–κός	λεε–λυ–κότας	λε–λυ–κυίας	λε–λυ–κότα

한편 완료시제에서 κ가 삽입되지 않는 동사의 경우, 능동 완료 분사 어형변화에도 κ가 생략된다. 가령 γράφω(내가 쓰다)의 직설법 능동 완료 변화형은 γέγραφα이며, 능동 완료 분사형은 γεγραφώς이다.

⑤ –μενος, –μενη, –μενον으로 어형변화하는 분사

지금까지 살펴본 분사형태는 모두 남성과 중성 변화형에서는 제3변화 규칙을 따르는 반면, 여성 변화형에서는 제1변화 규칙을 따라 어형변화했다. 하지만 형용사 ἀγαθός처럼 남성 및 중성 변화형에서는 제2변화, 여성 변화형의 경우 제1변화

규칙에 따라 어형변화하는 분사도 있다.

ㄱ) 중간-수동 현재형 분사

   예) λυ–ό–μενος, λυ–ο–μένη, λυ–ό–μενον

ㄴ) 제1부정과거 중간태 분사

   예) λυ–σά–μενος, λυ–σα–μένη, λυ–σά–μενον

ㄷ) 중간-수동형 완료 분사

   예) λε–λυ–μένος, λε–λυ–μένη, λε–λυ–μένον

ㄹ) 제2부정과거 중간태 분사

   예) λείπω(내가 남기다)의 제2부정과거 중간태 분사 어형
      변화는 λιπ–ό–μενος, λιπ–ο–μένη, λιπ–ό–μενον

2) 분사의 용법

① 형용사적 용법(수식적 용법) : ὁ ἄνθρωπος ὁ λέγων
ταῦτα βλέπει τὸν δοῦλον.

② 명사적 용법 : ὁ λέγων ταῦτα βλέπει τὸν δοῦλον.

③ 부대상황(~할 때, ~하면서, ~하고 나서, ~하므로, ~하기 위해, ~한다면 등)

λέγων ταῦτα ὁ ἄνθρωπος **βλέπει** τὸν δοῦλον.

λέγων ταῦτα ὁ ἄνθρωπος **ἔβλεψε** τὸν δοῦλον.

εἰπὼν ταῦτα ὁ ἄνθρωπος βλέπει τὸν δοῦλον.

* 참고 : 완료분사는 과거에 완료된 행동의 결과가 현재에까지 지속되고 있음을 의미한다.

예) οὗτός ἐστιν ὁ υἱός μου, **ὁ ἐκλελεγμένος.**

④ 절대 소유격(Genitive absolute) : 분사의 의미상 주어가 주절의 주어와 동일하지 않을 때, 분사와 그 의미상 주어(명사 또는 대명사)가 소유격 형태로 바뀌게 된다.

εἰπόντες ταῦτα ἐξῆλθον **οἱ ἀπόστολοι.**

εἰπόντων **τῶν μαθητῶν** ταῦτα ἐξῆλθον οἱ ἀπόστολοι.

εἰπόντων **αὐτῶν** ταῦτα ἐξῆλθον οἱ ἀπόστολοι.

연습문제

• 다음 문장을 해석하시오.

1) καὶ καλέσεις τὸ ὄνομα αὐτοῦ Ἰησοῦν, αὐτὸς γὰρ σώσει τὸν λαὸν αὐτοῦ ἀπὸ τῶν ἁμαρτιῶν αὐτῶν. (마 1:21)

2) τί δέ με καλεῖτε, κυρίε, κυρίε, καὶ οὐ ποιεῖτε ἃ λέγω; (눅 6:46)

3) οὕτως γὰρ ἠγάπησεν ὁ θεὸς τὸν κόσμον. (요 3:16)

4) καὶ ἀποκτενοῦσιν αὐτόν, καὶ τῇ τρίτῃ ἡμέρᾳ ἐγεθήσεται (마 17:23)

5) καθὼς ἐμὲ ἀπέστειλας εἰς τὸν κόσμον, κἀγὼ ἀπέστειλα αὐτοὺς εἰς τὸν κόσμον. (요 17:18)

• 진하게 표시된 부분의 의미에 유의하면서 다음 문장을 해석
하시오.

6) βλέπομεν **τὸν** ἀπόστολον **τὸν** λέγοντα ταῦτα.

7) βλέπομεν **τὸν** λέγοντα ταῦτα.

8) βλέπομεν **τὴν** λέγουσαν ταῦτα.

9) ἐβλέψαμεν **τὴν** λέγουσαν ταῦτα.

10) μακάροις **ὁ ἀναγινώσκων** καὶ **οἱ ἀκούοντες** τοὺς
λόγους τῆς προφητείας καὶ **τηροῦντες** τὰ ἐν αὐτῇ
γεγραμμένα (계 1:3)

제10강
부정사, 가정법, 명령법, 희구법, μι 동사

주요 학습내용

○ 부정사와 가정법, 명령법, 희구법의 어형변화와 용법에 관해
  학습한다.
○ 헬라어 조건문의 종류와 의미에 관해 학습한다.
○ 주요한 μι 동사 어형변화에 관해 학습한다.

1. 부정사(Infinitive)

헬라어 부정사는 대체로 현재시제, 부정과거시제, 완료시제 형태로 등장한다. 부정사 미래형은 신약성경에 단 5번 나오므로 초급문법에서는 배우지 않아도 될 듯하다. 한 가지 유의할 점은 헬라어 부정사의 시제가 동작의 시간을 가리킨다기보다는 동작의 양상을 가리킨다는 사실이다.

① 부정과거 형태 : 부정과거형 부정사는 동작의 지속이나 완료가 아니라 **특정 동작의 발생을 단순히 기술**하는 데 사용된다. 신약성경 저자들은 특별한 이유가 없을 경우 대체로 부정과거형 부정사를 사용했다.

② 현재형태 : 현재형 부정사는 **진행 중인 동작**을 가리킬 때 사용된다.

③ 완료형태 : 완료형 부정사는 어떤 **동작의 결과가 현재까지 남아있음 또는 특정 상태의 지속**을 가리킬 때 사용된다.

이러한 부정사의 시상을 고려하면서 부정사의 어형변화와 용법에 대해 공부해 보자.

1) 부정사 어형변화

$λύω$의 부정사 변화형은 다음과 같다.

능동태	부정사 현재형 부정사 부정과거형 부정사 완료형	$λύ$-$ειν$ $λῦ$-$σαι$ $λε$-$λυ$-$κέναι$	to be loosing to loose to have loosed
중간태	부정사 현재형 부정사 부정과거형 부정사 완료형	$λύ$-$εσθαι$ $λύ$-$σασθε$ $λε$-$λύ$-$σθε$	to be loosing oneself to loose oneself to have loosed oneself
수동태	부정사 현재형 부정사 부정과거형 부정사 완료형	$λύ$-$εσθαι$ $λυ$-$θῆναι$ $λε$-$λύ$-$σθε$	to be being loosed to be loosed to have been loosed

위의 표에서 볼 수 있듯이 부정사의 능동태 현재형 어미는 $-ειν$이고, 능동태 부정과거형 어미는 $-σαι$이다. 하지만 제 2부정과거 부정사의 경우 능동형 부정사 어미가 $-σαι$가 아니라 $-ειν$이 되며, 중간태 부정사 어미도 $-σασθε$가 아니라 $-εσθαι$가 된다. 가령 $βάλλω$(내가 던지다)의 제2부정과거 능동형 부정사는 $βαλεῖν$이며, 제2부정과거 중간태 부정사는 $βαλέσθαι$이다. 한편 유음동사의 부정사는 $τιμᾶν$, $φιλεῖν$, $δηλοῦν$ 등과 같이 된다.

그 밖에 암기해 두어야 할 제2부정과거 부정사 형태는 다음
과 같다.

동사 원형	제2부정과거 직설법	제2부정과거 부정사
ἄγω (내가 이끌다)	ἤγαγον	ἀγαγεῖν
βάλλω (내가 던지다)	ἔβαλον	βαλεῖν
ἔρχομαι (내가 오다)	ἦλθον	ἐλθεῖν
ἐσθίω (내가 먹다)	ἔφαγον	φαγεῖν
λαμβάνω (내가 취하다)	ἔλαβον	λαβεῖν
λέγω (내가 말하다)	εἶπον	εἰπεῖν
ὁράω (내가 보다)	εἶδον	ἰδεῖν

2) 부정사 구문

① 부정사는 관사와 사용될 수도 있고, 관사 없이 사용될 수
도 있다. 관사와 사용될 때는 항상 중성형 관사(τό, τοῦ, τῷ)가
사용된다.

② 관사와 함께 사용되는 부정사는 전치사 뒤에 위치할 수
있다. 신약성경에서 부정사와 종종 함께 사용되는 전치사
는 διά(33회), εἰς(72회), ἐν(55회), μετά(15회), πρό(9회),
πρός(12회) 등이다.

③ **부정사의 의미상 주어가 주절의 주어와 다를 때 목적격으**
로 표기한다(ACI 구문).

예) γινώσκω αὐτὸν εἶναι ἀγαθόν.

④ δεῖ(~해야 한다)나 ἔξεστι(~이 가능하다)는 부정사의 비인칭구문을 수반한다.

⑤ 부정사의 부정은 μή로 표기한다.

3) 부정사의 기능과 의미

① 동사적 기능 : 주절의 동사를 보충 내지 부연설명

ㄱ) 목적

ἤλθομεν **προσκυνῆσαι** αὐτῷ (마 2:2)

τοῦ γνῶναι αὐτὸν (빌 3:10)

ἔπεμψα **εἰς τὸ γνῶναι** τὴν πίστιν ὑμῶν (살전 3:5)

ㄴ) 결과

ὥστε μὴ χρείαν ἡμᾶς **ἔχειν** λαλεῖν τι (살전 1:8)

ㄷ) 시간

 - 이전 (πρίν 또는 πρὶν ἤ + 부정사) : **πρὶν ἀλέκτορα φωνῆσαι** (마 26:34)

 - 동시 (ἐν τῷ + 부정사) : **ἐν τῷ εὐλογεῖν** αὐτὸν

αὐτούς (눅 24:51)

- 이후 (μετὰ τό + 부정사) : **μετὰ** δὲ **τὸ** ἐγερθῆναί με
(마 26:32)

ㄹ) 이유 (διὰ τό + 부정사) : **διὰ τὸ** μὴ ἔχειν ῥίζαν (마
13:6)

ㅁ) 명령 : **χαίρειν** μετὰ χαιρόντων, καὶ **κλαίειν** μετὰ
κλαιόντων (롬 12:15)

② 명사적 기능

ㄱ) 주어로 기능 : Ἐμοὶ γὰρ τὸ ζῆν Χριστὸς, καὶ τὸ
ἀποθανεῖν κέρδος (빌 1:21)

ㄴ) 목적어로 기능
Θεὸς γάρ ἐστιν ὁ **ἐνεργῶν** ἐν ὑμῖν καὶ τὸ θέλειν καὶ
τὸ ἐνεργεῖν ὑπὲρ τῆς εὐδοκίας (빌 2:13)

ㄷ) 명사나 형용사 또는 동사의 의미를 보충 및 완성
- **ἐλευθέρα** ἐστὶν ᾧ θέλει γαμηθῆναι (고전 7:39)

- ἡ ἀδελφή μου μόνην με **κατέλιπε** διακονεῖν (눅 10:40)

2. 가정법(Subjunctive)

가정법은 실제 일어난 사건이 아니라 머릿속의 생각, 기대, 상상, 가능성 등을 가리킨다. 가정법은 일반적으로 미래의 사건과 연관되는데, 신약성경에서는 드물게 가정법 완료시제가 사용되기는 하지만, **대부분 현재시제나 부정과거시제로** 사용된다.

가정법의 시제는 실제적 시간을 가리키는 것이 아니라 동작의 양상을 나타낸다. 즉 가정법 현재시제는 지속적, 반복적 동작을 가리키는 반면, 가정법 부정과거시제는 단회적 동작을 가리킨다.

부정사의 경우와 마찬가지로 신약성경에서는 주로 가정법 부정과거가 사용된다.

1) 가정법 어형변화

λύω 동사의 가정법 어형변화는 다음과 같다.

		가정법 능동 현재형	가정법 중간-수동태 현재형
단수	1인칭 (내가) 2인칭 (네가) 3인칭 (그가/그녀가)	$\lambda\acute{\upsilon}-\omega$ $\lambda\acute{\upsilon}-\eta\varsigma$ $\lambda\acute{\upsilon}-\eta$	$\lambda\acute{\upsilon}-\omega\mu\alpha\iota$ $\lambda\acute{\upsilon}-\eta$ $\lambda\acute{\upsilon}-\eta\tau\alpha\iota$
복수	1인칭 (우리가) 2인칭 (너희가) 3인칭 (그들이)	$\lambda\acute{\upsilon}-\omega\mu\epsilon\nu$ $\lambda\acute{\upsilon}-\eta\tau\epsilon$ $\lambda\acute{\upsilon}-\omega\sigma\iota(\nu)$	$\lambda\upsilon-\acute{\omega}\mu\epsilon\theta\alpha$ $\lambda\acute{\upsilon}-\eta\sigma\theta\epsilon$ $\lambda\acute{\upsilon}-\omega\nu\tau\alpha\iota$

		부정과거 능동태	부정과거 중간태	부정과거 수동태
단수	1인칭 2인칭 3인칭	$\lambda\acute{\upsilon}-\sigma\omega$ $\lambda\acute{\upsilon}-\sigma\eta\varsigma$ $\lambda\acute{\upsilon}-\sigma\eta$	$\lambda\acute{\upsilon}-\sigma\omega\mu\alpha\iota$ $\lambda\acute{\upsilon}-\sigma\eta$ $\lambda\acute{\upsilon}-\sigma\eta\tau\alpha\iota$	$\lambda\upsilon-\theta\tilde{\omega}$ $\lambda\upsilon-\theta\tilde{\eta}\varsigma$ $\lambda\upsilon-\theta\tilde{\eta}$
복수	1인칭 2인칭 3인칭	$\lambda\acute{\upsilon}-\sigma\omega\mu\epsilon\nu$ $\lambda\acute{\upsilon}-\sigma\eta\tau\epsilon$ $\lambda\acute{\upsilon}-\sigma\omega\sigma\iota(\nu)$	$\lambda\upsilon-\sigma\acute{\omega}\mu\epsilon\theta\alpha$ $\lambda\acute{\upsilon}-\sigma\eta\sigma\theta\epsilon$ $\lambda\acute{\upsilon}-\sigma\omega\nu\tau\alpha\iota$	$\lambda\upsilon-\theta\tilde{\omega}\mu\epsilon\nu$ $\lambda\upsilon-\theta\tilde{\eta}\tau\epsilon$ $\lambda\upsilon-\theta\tilde{\omega}\sigma\iota(\nu)$

가정법 어형변화와 관련해서 다음과 같은 점들에 유의하자.

① 제2부정과거 동사의 가정법 어형변화

 - 가정법 제2부정과거 능동태 : $\lambda\acute{\iota}\pi-\omega, \lambda\acute{\iota}\pi-\eta\varsigma, \lambda\acute{\iota}\pi-\eta, \cdots$

 - 가정법 제2부정과거 중간태 : $\lambda\acute{\iota}\pi-\omega\mu\alpha\iota, \lambda\acute{\iota}\pi-\eta, \lambda\acute{\iota}\pi-\eta\tau\alpha\iota, \cdots$

 - 가정법 제2부정과거 수동태 : $\gamma\rho\alpha\phi-\tilde{\omega}, \gamma\rho\alpha\phi-\tilde{\eta}\varsigma, \gamma\rho\alpha\phi-\tilde{\eta}, \cdots$

② 디포넌트 동사의 가정법 어형변화

- γίνομαι의 가정법 현재형 : γίν-ωμαι, γίν-ῃ, γίν-ηται, …

- γίνομαι의 가정법 부정과거형 : γέν-ωμαι, γέν-ῃ, γέν-ηται, …

- ἔρχομαι의 가정법 현재형 : ἔρχ-ωμαι, ἔρχ-ῃ, ἔρχ-ηται, …

③ 축약동사의 가정법 변화형

αω 동사의 가정법 현재형은 직설법 현재형과 일치한다. 그러나 εω 동사나 οω 동사의 경우, 가정법과 직설법 변화형이 상이하다.

ㄱ) εω 동사 : ποιέω (내가 행하다, 만들다)

		직설법 능동 현재	가정법 능동 현재	직설법 중간 -수동태 현재	가정법 중간 -수동태 현재
단수	1인칭 2인칭 3인칭	ποι-ῶ (έω) ποι-εῖς (έεις) ποι-εῖ (έει)	ποι-ῶ (έω) ποι-ῇς (έῃς) ποι-ῇ (έῃ)	ποι-οῦμαι (έομαι) ποι-ῇ (έῃ) ποι-εῖται (έεται)	ποι-ῶμαι (έωμαι) ποι-ῇ (έῃ) ποι-ῆται (έηται)
복수	1인칭 2인칭 3인칭	ποι-οῦμεν (έομεν) ποι-εῖτε (έετε) ποι-οῦσι (έουσι)	ποι-ῶμεν (έωμεν) ποι-ῆτε (έητε) ποι-ῶσι (έωσι)	ποι-ούμεθα(εόμεθα) ποι-εῖσθε (έεσθε) ποι-οῦνται (έονται)	ποι-ώμεθα(εώμεθα) ποι-ῆσθε (έησθε) ποι-ῶνται (έωνται)

ㄴ) οω 동사 : δηλόω (내가 보여주다)

		직설법 능동 현재	가정법 능동 현재	직설법 중간-수동태 현재	가정법 중간-수동태 현재
단수	1인칭	δηλ–ῶ (όω)	δηλ–ῶ (όω)	δηλ–οῦμαι (όομαι)	δηλ–ῶμαι (όωμαι)
	2인칭	δηλ–οῖς (όεις)	δηλ–οῖς (όῃς)	δηλ–οῖ (όῃ)	δηλ–οῖ (όῃ)
	3인칭	δηλ–οῖ (όει)	δηλ–οῖ (όῃ)	δηλ–οῦται (όεται)	δηλ–ῶται (όηται)
복수	1인칭	δηλ–οῦμεν (όομεν)	δηλ–ῶμεν (όωμεν)	δηλ–ούμεθα (οόμεθα)	δηλ–ώμεθα (οώμεθα)
	2인칭	δηλ–οῦτε (όετε)	δηλ–ῶτε (όητε)	δηλ–οῦσθε (όεσθε)	δηλ–ῶσθε (όησθε)
	3인칭	δηλ–οῦσι (όουσι)	δηλ–ῶσι (όωσι)	δηλ–οῦνται (όονται)	δηλ–ῶνται (όωνται)

④ 부정사나 분사의 경우와 마찬가지로, 가정법의 부정표현은 μή로 표기한다.

⑤ εἰμί 동사의 가정법 현재형은 ὦ, ᾖς, ᾖ, ὦμεν, ᾖτε, ὦσι(ν) 이다.

2) 가정법의 용법

① 가정법이 주절에서 사용될 때

ㄱ) 청유 (Hortatory subjunctive)
예) τρέχωμεν τὸν προκείμενον ἡμῶν ἀγῶνα (히 12:1)

ἀγαπητοί, *ἀγαπῶμεν* ἀλλήλους (요일 4:7)

ㄴ) 금지[41]

예) **μὴ μεριμνήσητε** εἰς τὴν αὔριον (마 6:34)

ㄷ) 상대방의 의향을 질문(Deliberative question)

예) τὸν βασιλέα ὑμῶν **σταυρώσω** (요 19:15)

ㄹ) 강한 부정 (οὐ μή + 가정법 또는 직설법 미래)

예) **οὐ μὴ** εἰσέλθητε εἰς τὴν βασιλέαν τῶν οὐρανῶν

(마 5:20)

② 가정법이 종속절에서 사용될 때

ㄱ) 목적 또는 의도 (ἵνα, ὅπως // ἵνα μή, ὅπως μή)

예) οὗτος ἦλθεν εἰς μαρτυρίαν ἵνα μαρτυρήσῃ περὶ

τοῦ φωτός (요 1:7)

ἵνα γνῶτε καὶ γινώσκητε ὅτι ἐν ἐμοὶ ὁ πατήρ

(요 10:38)

---

41) 일반적으로 μή + 현재시제 명령형은 어떤 행위를 그만두라는 명령으로 사용되는 반면, μή
+ 부정과거시제 가정법은 어떤 행위를 시작하지 말라는 명령으로 사용된다.

ㄴ) 불특정한 사람이나 사물을 가리키는 경우 (관계대명사 + 가정법 + ἄν)

예) καὶ ὃς ἂν θέλῃ ἐν ὑμῖν εἶναι πρῶτος ἔσται ὑμῶν δοῦλος (마 20:27)

ㄷ) 조건문 (ἐάν + 가정법)

③ 조건문

ㄱ) 조건절에 직설법이 사용되는 조건문
- 단순 조건문[42] : 가정의 실재성을 전제할 경우 (조건절 : εἰ + 직설법, 귀결절 : 직설법)

예) εἰ δὲ πνεύματι ἄγεσθε, οὐκ ἐστὲ ὑπὸ νόμον (갈 5:18)

- 반사실적 가정문[43](조건절 : εἰ + 직설법 과거형, 귀결절 : (ἄν) + 직설법 과거형)

예) εἰ ἦς ὧδε οὐκ ἄν μου ἀπέθανεν ὁ ἀδελφός (요 11:32)

---

42) 조건문 종류 중 신약성경에서 가장 많이 사용된 것은 단순 조건문이다. 신약성경에는 단순 조건문이 300회 이상 사용되고 있다.

43) 반사실적 가정문의 경우, 미완료과거시제는 현재에 대한 반사실적 가정을 뜻하는 반면 부정과거시제는 과거에 대한 반사실적 가정을 가리킨다.

ㄴ) 조건절에 가정법이 사용되는 조건문

- 개연성 있는 미래 사건 (조건절 : ἐάν + 가정법, 귀결절 : 미래 직설법)

예) καὶ τοῦτο *ποιήσομεν ἐὰν ἐπιτρέπῃ* ὁ θεός (히 6:3)

- 현재의 일반적 사실 (조건절 : ἐάν + 가정법, 귀결절 : 현재 직설법)

예) ἐὰν εἴπωμεν ὅτι ἁμαρτίαν οὐκ ἔχομεν, ἡ
ἀλήθεια οὐκ ἔστιν ἐν ἡμῖν (요일 1:8)

여기까지 헬라어 조건문의 종류를 정리하면 다음 표와 같다.

조건문 종류	조건절	귀결절
단순 조건문	εἰ + 직설법	직설법
반사실적 가정	εἰ + 직설법 과거형	직설법 과거형
개연성 있는 미래사건	ἐάν + 가정법	직설법 미래
현재의 일반적 사실	ἐάν + 가정법	직설법 현재

3. 명령문

헬라어 동사 명령형은 현재와 부정과거 완료 시제로 등장한다. 그러나 능동 완료 명령형은 신약성경에 등장하지 않으며,

수동 완료 명령형도 막 4:39에 단 한 번 사용되고 있다. 따라서 본 과에서는 현재와 부정과거 명령형만 학습한다.

현재시제 명령형은 지속적인 행위 혹은 반복적인 행위를 명령하는 표현인 반면, 부정과거시제 명령형은 단순히 어떤 행위를 하도록 명령하는 것이다. '주기도문'을 살펴보면 그 차이를 명확히 알 수 있는데, 마태복음에는 주기도문이 부정과거 명령형으로 표기되어 있는 반면, 누가복음에는 현재 명령형으로 표기되어 있다.

τὸν ἄρτον ἡμῶν τὸν ἐπιούσιον **δὸς** ἡμῖν σήμερον (마 6:11)

τὸν ἄρτον ἡμῶν τὸν ἐπιούσιον **δίδου** ἡμῖν καθ᾽ ἡμέραν (눅 11:3)

마태복음의 기도문은 하나님께 오늘 하루의 일용할 양식을 달라고 간구하는 반면, 누가복음의 기도문은 하나님께 매일 매일의 일용할 양식을 달라고 간구하고 있다. 이처럼 부정과거 명령형은 단순히 어떤 행위가 이루어져야 함을 명령하는 반면, 현재 명령형은 어떻게 그리고 언제 그 행위가 이루어져야 하는지 구체화하고 있다.

한편 신약성경에서 일반적 교훈은 대체로 현재 명령형으로 표현하는 반면, 특별한 명령은 부정과거 명령형으로 표현한다. 다음의 두 문장을 비교해 보자.

εὐλογεῖτε τοὺς διώκοντας ὑμᾶς (롬 12:14)

Ἔγειραι, καὶ **στῆθι** εἰς τὸ μέσον (눅 6:8)

로마서의 명령은 핍박하는 자들을 오늘 한 번만이 아니라 계속적으로 축복하라는 것인 반면, 누가복음에서 예수 그리스도께서는 손 마른 자에게 지금 이 순간 일어나 한가운데 서라고 명령하고 있다. 복음서처럼 내러티브가 많이 나오는 신약성경에서는 현재시제보다 부정과거시제 명령형이 더 많이 사용되는 한편, 바울서신처럼 교훈적이고 권면적인 글에는 현재 명령형이 더 빈번히 등장함을 알 수 있다.

1) 명령법 어형변화

1인칭 명령형은 존재하지 않는다. 따라서 2인칭과 3인칭 단수 및 복수 명령형만 존재한다. 흥미로운 사실은 헬라어에서 중간태 및 수동태 명령문도 많이 사용된다는 점이다.

λύω 동사의 명령법 어형변화는 다음과 같다.

		현재 능동 명령	현재 중간-수동 명령
단수	2인칭 3인칭	λῦ–ε λυ–έτω	λύ–ου λυ–έσθω
복수	2인칭 3인칭	λύ–ετε λυ–έτωσαν	λύ–εσθε λυ–έσθωσαν

한편 부정과거 명령형의 경우, 중간태와 수동태 명령 변화형
이 서로 다르다.

		부정과거 능동 명령	부정과거 중간태 명령	부정과거 수동 명령
단수	2인칭 3인칭	λῦ–σον λυ–σάτω	λῦ–σαι λυ–σάσθω	λύ–θητι λυ–θήτω
복수	2인칭 3인칭	λύ–σατε λυ–σάτωσαν	λύ–σασθε λυ–σάσθωσαν	λύ–θητε λυ–θήτωσαν

제2부정과거 명령형 어형변화는 다음과 같다. λείπω의 예
를 살펴보자.

		제2부정과거 능동 명령	제2부정과거 중간태 명령	제2부정과거 수동 명령
단수	2인칭 3인칭	λίπ–ε λιπ–έτω	λιπ–οῦ λιπ–έσθω	λίπ–ητι λιπ–ήτω
복수	2인칭 3인칭	λίπ–ετε λιπ–έτωσαν	λίπ–εσθε λιπ–έσθωσαν	λίπ–ητε λιπ–ήτωσαν

마지막으로 εἰμί와 디포넌트 동사 γίνομαι의 현재 명령형 어형변화는 다음과 같다.

		εἰμί	γίνομαι
단수	2인칭 3인칭	ἴσθι ἔστω	γίν-ου γιν-έσθω
복수	2인칭 3인칭	ἔστε ἔστωσαν	γίν-εσθε γιν-έσθωσαν

2) 명령법의 의미

① 명령

예) πάντοτε **χαίρετε**, ἀδιαλείπτως **προσεύχεσθε**, ἐν παντὶ **εὐχαριστεῖτε** (살전 5:16~18)

② 금지 (μή + 명령법)[44]

예) τὸ πνεῦμα **μὴ σβέννυτε**, προφητείας **μὴ ἐξουθενεῖτε** (살전 5:19~20)

③ 애원, 간청, 탄원

예) πάτερ ἅγιε, **τήρησον** αὐτούς (요 17:11)

---

44) μή + 현재시제 명령법은 주로 어떤 행위를 중단하는 것 혹은 어떤 행위의 기피를 습관으로 삼는 것을 촉구하는 반면, μή + 부정과거 가정법은 어떤 행위를 시작하지 말 것을 명령한다.

4. 희구법(Optative)

　　희구법은 고전헬라어에서 매우 많이 사용되었지만, 점차 그 기능이 직설법과 가정법으로 흡수되어 사라지게 되었다. 신약성경에서 희구법은 대개 희망 내지 소망을 기원하는 용도로 사용된다. 희구법은 신약성경에 단 67회 등장하며 현재와 부정과거시제로만 등장한다.

　　신약성경에서 희구법의 가장 익숙한 용례는 바울서신에 많이 등장하는 μὴ γένοιτο인데, 이 문형은 그럴 가능성이 없음을 강력하게 부인하는 표현이며, οὐ μή + 가정법과 거의 동일한 의미를 가진다고 생각된다.

　　λύω 동사의 희구법 어형변화는 다음과 같다.

		능동태		중간태		수동태
		현재	부정과거	현재	부정과거	부정과거
단수	1인칭	λύ–οι–μι	λύ–σαι–μι	λυ–οί–μην	λυ–σαί–μην	λυ–θεί–ην
	2인칭	λύ–οι–ς	λύ–σαι–ς	λύ–οι–ο	λύ–σαι–ο	λυ–θεί–ης
	3인칭	λύ–οι	λύ–σαι	λύ–οι–το	λύ–σαι–το	λυ–θεί–η
복수	1인칭	λύ–οι–μεν	λύ–σαι–μεν	λυ–οί–μεθα	λυ–σαί–μεθα	λυ–θεί–ημεν
	2인칭	λύ–οι–τε	λύ–σαι–τε	λύ–οι–σθε	λύ–σαι–σθε	λυ–θεί–ητε
	3인칭	λύ–οι–εν	λύ–σαι–εν	λύ–οι–ντο	λύ–σαι–ντο	λυ–θεί–ησαν

5. -μι 동사

신약성경에 주로 등장하는 μι 동사는 εἰμί와 δίδωμι(내가 주다), τίθημι(내가 놓다), ἵστημι(내가 세우다, 내가 서다) 등이다. μι 동사의 어형변화는 다음과 같다.

① 현재 직설법

		능동태			중간-수동태		
		δίδωμι	τίθημι	ἵστημι	δίδωμι	τίθημι	ἵστημι
단수	1인칭	δί-δω-μι	τί-θη-μι	ἵ-στη-μι	δί-δο-μαι	τί-θε-μαι	ἵ-στα-μαι
	2인칭	δί-δω-ς	τί-θη-ς	ἵ-στη-ς	δί-δο-σαι	τί-θε-σαι	ἵ-στα-σαι
	3인칭	δί-δω-σι(ν)	τί-θη-σι(ν)	ἵ-στη-σι(ν)	δί-δο-ται	τί-θε-ται	ἵ-στα-ται
복수	1인칭	δί-δο-μεν	τί-θε-μεν	ἵ-στα-μεν	δι-δό-μεθα	τι-θέ-μεθα	ἱ-στά-μεθα
	2인칭	δί-δο-τε	τί-θε-τε	ἵ-στα-τε	δί-δο-σθε	τί-θε-σθε	ἵ-στα-σθε
	3인칭	δι-δό-ασι(ν)	τι-θέ-ασι(ν)	ἵ-στά-σι(ν)	δί-δο-νται	τί-θε-νται	ἵ-στα-νται

② 미완료과거 직설법

		능동태			중간-수동태		
		δίδωμι	τίθημι	ἵστημι	δίδωμι	τίθημι	ἵστημι
단수	1인칭	ἐ-δί-δου-ν	ἐ-τί-θη-ν	ἵ-στη-ν	ἐ-δι-δό-μην	ἐ-τι-θέ-μην	ἱ-στά-μην
	2인칭	ἐ-δί-δου-ς	ἐ-τί-θει-ς	ἵ-στη-ς	ἐ-δί-δο-σο	ἐ-τί-θε-σο	ἵ-στα-σο
	3인칭	ἐ-δί-δου	ἐ-τί-θει	ἵ-στη	ἐ-δί-δο-το	ἐ-τί-θε-το	ἵ-στα-το
복수	1인칭	ἐ-δί-δο-μεν	ἐ-τί-θε-μεν	ἵ-στα-μεν	ἐ-δι-δό-μεθα	ἐ-τι-θέ-μεθα	ἱ-στά-μεθα
	2인칭	ἐ-δί-δο-τε	ἐ-τί-θε-τε	ἵ-στα-τε	ἐ-δί-δο-σθε	ἐ-τί-θε-σθε	ἵ-στα-σθε
	3인칭	ἐ-δί-δο-σαν	ἐ-τί-θε-σαν	ἵ-στα-σαν	ἐ-δί-δο-ντο	ἐ-τί-θε-ντο	ἵ-στα-ντο

③ 부정과거 직설법

ㄱ) 부정과거 능동태

		δίδωμι	τίθημι	ἵστημι	
단수	1인칭	ἔ-δω-κα	ἔ-θη-κα	ἔ-στη-σα[43]	ἔ-στη-ν
	2인칭	ἔ-δω-κας	ἔ-θη-κας	ἔ-στη-σας	ἔ-στη-ς
	3인칭	ἔ-δω-κε(ν)	ἔ-θη-κε(ν)	ἔ-στη-σε(ν)	ἔ-στη
복수	1인칭	ἐ-δώ-καμεν	ἐ-θή-καμεν	ἐ-στή-σαμεν	ἔ-στη-μεν
	2인칭	ἐ-δώ-κατε	ἐ-θή-κατε	ἐ-στή-σατε	ἔ-στη-τε
	3인칭	ἐ-δω-καν	ἔ-θη-καν	ἔ-στη-σαν	ἔ-στη-σαν

---

45) ἵστημι의 제1부정과거형 ἔ-στη-σα는 타동사 '내가 ~을 세웠다'를 뜻하는 반면, 제2부정과
거형 ἔ-στη-ν은 자동사 '내가 섰다'를 뜻한다. 단 3인칭복수의 경우 제1부정과거형과 제2부
정과거형이 ἔ-στη-σαν으로 동일함에 유의하자.

ㄴ) 부정과거 중간태

		δίδωμι	τίθημι	ἵστημι
단수	1인칭	ἐ-δό-μην	ἐ-θέ-μην	ἐ-στά-μην
	2인칭	ἔ-δου	ἔ-θου	ἔ-στω
	3인칭	ἔ-δο-το	ἔ-θε-το	ἔ-στα-το
복수	1인칭	ἐ-δό-μεθα	ἐ-θέ-μεθα	ἐ-στά-μεθα
	2인칭	ἔ-δο-σθε	ἔ-θε-σθε	ἔ-στα-σθε
	3인칭	ἔ-δο-ντο	ἔ-θε-ντο	ἔ-στα-ντο

ㄷ) 부정과거 수동태

		δίδωμι	τίθημι	ἵστημι
단수	1인칭	ἐ-δό-θην	ἐ-τέ-θην	ἐ-στά-θην
	2인칭	ἐ-δό-θης	ἐ-τέ-θης	ἐ-στά-θης
	3인칭	ἐ-δό-θη	ἐ-τέ-θη	ἐ-στά-θη
복수	1인칭	ἐ-δό-θημεν	ἐ-τέ-θημεν	ἐ-στά-θημεν
	2인칭	ἐ-δό-θητε	ἐ-τέ-θητε	ἐ-στά-θητε
	3인칭	ἐ-δό-θησαν	ἐ-τέ-θησαν	ἐ-στά-θησαν

④ 미래 직설법

ㄱ) 능동태

		δίδωμι	τίθημι	ἵστημι
단수	1인칭	δώ–σω	θή–σω	στή–σω
	2인칭	δώ–σεις	θή–σεις	στή–σεις
	3인칭	δώ–σει	θή–σει	στή–σει

ㄴ) 중간태

		δίδωμι	τίθημι	ἵστημι
단수	1인칭	δώ–σομαι	θή–σομαι	στή–σομαι
	2인칭	δώ–σῃ	θή–σῃ	στή–σῃ
	3인칭	δώ–σεται	θή–σεται	στή–σεται

ㄷ) 수동태

		δίδωμι	τίθημι	ἵστημι
단수	1인칭	δο–θή–σομαι	τε–θή–σομαι	στα–θή–σομαι
	2인칭	δο–θή–σῃ	τε–θή–σῃ	στα–θή–σῃ
	3인칭	δο–θή–σεται	τε–θή–σεται	στα–θή–σεται

⑤ 부정사

	δίδωμι	τίθημι	ἵστημι
현재 능동태	δι–δό–ναι	τι–θέ–ναι	ἱ–στά–ναι
현재 중간-수동태	δί–δο–σθαι	τί–θε–σθαι	ἵ–στα–σθαι
부정과거 능동태	δοῦ–ναι	θεῖ–ναι	στῆ–ναι (στῆ–σαι)
부정과거 중간태	δό–σθαι	θέ–σθαι	
부정과거 수동태	δο–θῆ–ναι	τε–θῆ–ναι	στα–θῆ–ναι

⑥ 분사

ㄱ) 현재 능동

	δίδωμι	τίθημι	ἵστημι
남성 여성 중성	δι–δ–ούς, –όντος δι–δ–οῦσα, –ούσης δι–δ–όν, –όντος	τι–θ–είς, –έντος τι–θ–εῖσα, –είσης τι–θ–έν, –έντος	ἱ–στ–άς, –άντος ἱ–στ–ᾶσα, –άσης ἱ–στ–άν, –άντος

ㄴ) 현재 중간-수동태

	δίδωμι	τίθημι	ἵστημι
남성 여성 중성	δι–δό–μενος –μένη –μενον	τι–θέ–μενος –μένη –μενον	ἱ–στά–μενος –μένη –μενον

ㄷ) 제2부정과거 능동태

	δίδωμι	τίθημι	ἵστημι
남성	δ–ούς, –όντος	θ–είς, –έντος	στ–άς, –άντος
여성	δ–οῦσα, –ούσης	θ–εῖσα, –είσης	στ–ᾶσα, –άσης
중성	δ–όν, –όντος	θ–έν, –έντος	στ–άν, –άντος

ㄹ) 제2부정과거 중간태

	δίδωμι	τίθημι
남성	δό–μενος	θέ–μενος
여성	–μένη	–μένη
중성	–μενον	–μενον

ㅁ) 제2부정과거 수동태

	δίδωμι	τίθημι	ἵστημι
남성	δο–θείς, –θέντος	τε–θείς, –θέντος	στα–θείς, –θέντος
여성	δο–θεῖσα, –θείσης	τε–θεῖσα, –θείσης	στα–θεῖσα, –θείσης
중성	δο–θέν, –θέντος	τε–θέν, –θέντος	στα–θέν, –θέντος

⑦ 가정법

ㄱ) 능동

		현재			제2부정과거		
		δίδωμι	τίθημι	ἵστημι	δίδωμι	τίθημι	ἵστημι
단수	1인칭	δι–δῶ	τι–θῶ	ἱ–στῶ	δῶ	θῶ	στῶ
	2인칭	δι–δῷς	τι–θῇς	ἱ–στῇς	δῷς	θῇς	στῇς
	3인칭	δι–δῷ	τι–θῇ	ἱ–στῇ	δῷ	θῇ	στῇ
복수	1인칭	δι–δῶμεν	τι–θῶμεν	ἱ–στῶμεν	δῶμεν	θῶμεν	στῶμεν
	2인칭	δι–δῶτε	τι–θῆτε	ἱ–στῆτε	δῶτε	θῆτε	στῆτε
	3인칭	δι–δῶσι(ν)	τι–θῶσι(ν)	ἱ–στῶσι(ν)	δῶσι(ν)	θῶσι(ν)	στῶσι(ν)

ㄴ) 중간-수동태

		현재			제2부정과거 중간태		부정과거 수동태		
		δίδωμι	τίθημι	ἵστημι	δίδωμι	τίθημι	δίδωμι	τίθημι	ἵστημι
단수	1인칭	δι–δῶμαι	τι–θῶμαι	ἱ–στῶμαι	δῶμαι	θῶμαι	δο–θῶ	τι–θῶ	στα–θῶ
	2인칭	δι–δῷ	τι–θῇ	ἱ–στῇς	δῷ	θῇ	δο–θῇς	τι–θῇς	στα–θῇς
	3인칭	δι–δῶται	τι–θῆται	ἱ–στῆται	δῶται	θῆται	δο–θῇ	τι–θῇ	στα–θῇ
복수	1인칭	δι–δώμεθα	τι–θώμεθα	ἱ–στώμεθα	δώμεθα	θώμεθα	δο–θῶμεν	τι–θῶμεν	στα–θῶμεν
	2인칭	δι–δῶσθε	τι–θῆσθε	ἱ–στῆσθε	δῶσθε	θῆσθε	δο–θῆτε	τι–θῆτε	στα–θῆτε
	3인칭	δι–δῶνται	τι–θῶνται	ἱ–στῶνται	δῶνται	θῶνται	δο–θῶσι	τι–θῶσι	στα–θῶσι

⑧ 명령법

ㄱ) 현재

		능동			중간-수동태		
		δίδωμι	τίθημι	ἵστημι	δίδωμι	τίθημι	ἵστημι
단수	2인칭	δί–δ–ου	τί–θ–ει	ἵ–στ–η	δί–δο–σο	τί–θε–σο	ἵ–στα–σο
	3인칭	δι–δό–τω	τι–θέ–τω	ἱ–στά–τω	δι–δό–σθω	τι–θέ–σθω	ἱ–στά–σθω
복 수	2인칭	δί–δο–τε	τί–θε–τε	ἵ–στα–τε	δί–δο–σθε	τί–θε–σθε	ἵ–στα–σθε
	3인칭	δι–δό–τωσαν	τιθ–έ–τωσαν	ἱ–στά–τωσαν	δι–δό–σθωσαν	τι–θέ–σθωσαν	ἱ–στά–σθωσαν

ㄴ) 부정과거

		능동			중간태		수동태		
		δίδωμι	τίθημι	ἵστημι	δίδωμι	τίθημι	δίδωμι	τίθημι	ἵστημι
단수	2인칭 3인칭	δό-ς δό-τω	θέ-ς θέ-τω	στή-θι στή-τω	δ-οῦ δό-σθω	θ-οῦ θέ-σθω	δό-θη-τι δο-θή-τω	τέ-θη-τι τε-θή-τω	στά-θη-τι στα-θή-τω
복수	2인칭 3인칭	δό-τε δό-τωσαν	θέ-τε θέ-τωσαν	στή-τε στή-τωσαν	δό-σθε δό-σθωσαν	θέ-σθε θέ-σθωσαν	δό-θη-τε δο-θή-τωσαν	τέ-θη-τε τε-θή-τωσαν	στά-θη-τε στα-θή-τωσαν

* εἰμί 동사의 어형변화

		직설법			명령	가정법	부정사	현재분사
		현재	미래	미완료과거				
단수	1인칭	εἰ-μί	ἔσο-μαι	ἤμην		ὦ	εἶναι	ὤν, οὖσα, ὄν
	2인칭	εἶ	ἔσῃ	ἦς (ἦσθα)	ἴσθι	ᾖς		
	3인칭	ἐσ-τί(ν)	ἔσ-ται	ἦν	ἔστω	ᾖ		
복수	1인칭	ἐσ-μέν	ἐσό-μεθα	ἦμεν		ὦ-μεν		
	2인칭	ἐσ-τέ	ἔσε-σθε	ἦτε	ἔστε	ἦ-τε		
	3인칭	εἰσί(ν)	ἔσο-νται	ἦσαν	ἔστωσαν	ὦ-σι(ν)		

연습문제

• 다음 문장의 의미를 해석하시오.

1) πιστεύετε ὅτι δύναμαι τοῦτο ποιῆσαι ; (마 9:28)

2) οὐ δύναται εἶναί μου μαθητής (눅 14:26)

3) ἐγὼ χρείαν ἔχω ὑπὸ σοῦ βαπτισθῆναι, καὶ σὺ ἔρχῃ πρός με ; (마 3:14)

4) ἔδωκεν αὐτοῖς ἐξουσίαν τέκνα θεοῦ γενέσθαι (요 1:12)

5) μέλλει γὰρ Ἡρῴδης ζητεῖν τὸ παιδίον τοῦ ἀπολέσαι αὐτό (마 2:13)

6) εἰ δὲ ἀνάστασις νεκρῶν οὐκ ἔστιν, οὐδὲ Χριστὸς ἐγήγερται (고전 15:13)

7) εἰ ἐπιστεύετε Μωυσεῖ, ἐπιστεύετε ἂν ἐμοί (요 5:46)

8) εἰ ἔγνωσαν, οὐκ ἂν τὸν κύριον τῆς δόξης ἐσταύρωσαν (고전 2:8)

9) ταῦτα σοι πάντα δώσω, ἐὰν πεσὼν προσκυνήσῃς μοι (마 4:9)

10) βλέπετε μὴ πλανηθῆτε (눅 21:8)

〈부록〉 주요 문법변화표

1. 정관사 변화형

	단수			복수		
	남성	여성	중성	남성	여성	중성
주격	ὁ	ἡ	τό	οἱ	αἱ	τά
소유격	τοῦ	τῆς	τοῦ	τῶν	τῶν	τῶν
여격	τῷ	τῇ	τῷ	τοῖς	ταῖς	τοῖς
목적격	τόν	τήν	τό	τούς	τάς	τά

2. 명사 변화형

1) 제1변화 명사

		φων-ή	ἡμέρ-α	δόξ-α	μαθητ-ής	νεανί-ας
단수	주격	φων-ή	ἡμέρ-α	δόξ-α	μαθητ-ής	νεανί-ας
	소유격	φων-ῆς	ἡμέρ-ας	δόξ-ης	μαθητ-οῦ	νεανί-ου
	여격	φων-ῇ	ἡμέρ-ᾳ	δόξ-ῃ	μαθητ-ῇ	νεανί-ᾳ
	목적격	φων-ήν	ἡμέρ-αν	δόξ-αν	μαθητ-ήν	νεανί-αν
	호격	φων-ή	ἡμέρ-α	δόξ-α	μαθητ-ά	νεανί-α
복수	주격	φων-αί	ἡμέρ-αι	δόξ-αι	μαθητ-αί	νεανί-αι
	소유격	φων-ῶν	ἡμερ-ῶν	δοξ-ῶν	μαθητ-ῶν	νεανι-ῶν
	여격	φων-αῖς	ἡμέρ-αις	δόξ-αις	μαθητ-αῖς	νεανί-αις
	목적격	φων-άς	ἡμέρ-ας	δόξ-ας	μαθητ-άς	νεανί-ας
	호격	φων-αί	ἡμέρ-αι	δόξ-αι	μαθητ-αί	νεανί-αι

2) 제2변화 명사

		ἄνθρωπ-ος	λόγ-ος	δῶρ-ον
단수	주격	ἄνθρωπ-ος	λόγ-ος	δῶρ-ον
	소유격	ἀνθρώπ-ου	λόγ-ου	δώρ-ου
	여격	ἀνθρώπ-ῳ	λόγ-ῳ	δώρ-ῳ
	목적격	ἄνθρωπ-ον	λόγ-ον	δῶρ-ον
	호격	ἄνθρωπ-ε	λόγ-ε	δῶρ-ον
복수	주격	ἄνθρωπ-οι	λόγ-οι	δῶρ-α
	소유격	ἀνθρώπ-ων	λόγ-ων	δώρ-ων
	여격	ἀνθρώπ-οις	λόγ-οις	δώρ-οις
	목적격	ἀνθρώπ-ους	λόγ-ους	δῶρ-α
	호격	ἄνθρωπ-οι	λόγ-οι	δῶρ-α

3) 제3변화명사

		χάρις	βασιλεύς	πατήρ	γυνή	πόλις	σῶμα	γένος
단수	주격	χάρις	βασιλεύς	πατὴρ	γυνή	πόλις	σῶμα	γένος
	소유격	χάριτ—ος	βασιλέ—ως	πατρ—ός	γυναικ—ός	πόλε—ως	σώματ—ος	γένους
	여격	χάριτ—ι	βασιλε—ῖ	πατρ—ί	γυναικ—ί	πόλε—ι	σώματ—ι	γένει
	목적격	χάρι—ν	βασιλέ—α	πατέρ—α	γυναῖκ—α	πόλι—ν	σῶμα	γένος
	호격	χάρι	βασιλεῦ	πάτερ	γῦναι	πόλι	σῶμα	γένος
복수	주격	χάριτ—ες	βασιλεῖς	πατέρ—ες	γυναῖκ—ες	πόλεις	σώματ—α	γένη
	소유격	χαρίτ—ων	βασιλέ—ων	πατέρ—ων	γυναικ—ῶν	πόλε—ων	σωμάτ—ων	γενῶν
	여격	χάρι—σι(ν)	βασιλεῦ—σι(ν)	πατρά—σι(ν)	γυναι—ξί(ν)	πόλε—σι(ν)	σώμα—σι(ν)	γένεσι(ν)
	목적격	χάριτ—ας	βασιλέ—ας	πατέρ—ας	γυναῖκ—ας	πόλεις	σώματ—α	γένη
	호격	χάριτ—ες	βασιλεῖς	πατέρ—ες	γυναῖκ—ες	πόλεις	σώματ—α	γένη

3. 형용사 변화형

1) 어간이 자음으로 끝나는 경우

	단수			복수		
	남성	여성	중성	남성	여성	중성
주격	ἀγαθ–ός	ἀγαθ–ή	ἀγαθ–όν	ἀγαθ–οί	ἀγαθ–αί	ἀγαθ–ά
소유격	ἀγαθ–οῦ	ἀγαθ–ῆς	ἀγαθ–οῦ	ἀγαθ–ῶν	ἀγαθ–ῶν	ἀγαθ–ῶν
여격	ἀγαθ–ῷ	ἀγαθ–ῇ	ἀγαθ–ῷ	ἀγαθ–οῖς	ἀγαθ–αῖς	ἀγαθ–οῖς
목적격	ἀγαθ–όν	ἀγαθ–ήν	ἀγαθ–όν	ἀγαθ–ούς	ἀγαθ–άς	ἀγαθ–ά
호격	ἀγαθ–έ	ἀγαθ–ή	ἀγαθ–όν	ἀγαθ–οί	ἀγαθ–αί	ἀγαθ–ά

2) 어간이 ε, ι, ϱ로 끝나는 경우

	단수			복수		
	남성	여성	중성	남성	여성	중성
주격	μικϱ–ός	μικϱ–ά	μικϱ–όν	μικϱ–οί	μικϱ–αί	μικϱ–ά
소유격	μικϱ–οῦ	μικϱ–ᾶς	μικϱ–οῦ	μικϱ–ῶν	μικϱ–ῶν	μικϱ–ῶν
여격	μικϱ–ῷ	μικϱ–ᾷ	μικϱ–ῷ	μικϱ–οῖς	μικϱ–αῖς	μικϱ–οῖς
목적격	μικϱ–όν	μικϱ–άν	μικϱ–όν	μικϱ–ούς	μικϱ–άς	μικϱ–ά
호격	μικϱ–έ	μικϱ–ά	μικϱ–όν	μικϱ–οί	μικϱ–αί	μικϱ–ά

3) 복합형용사

	단수		복수	
	남성/여성	중성	남성/여성	중성
주격	ἀδύνατ-ος	ἀδύνατ-ον	ἀδύνατ-οι	ἀδύνατ-α
소유격	ἀδυνάτ-ου	ἀδυνάτ-ου	ἀδυνάτ-ων	ἀδυνάτ-ων
여격	ἀδυνάτ-ῳ	ἀδυνάτ-ῳ	ἀδυνάτ-οις	ἀδυνάτ-οις
목적격	ἀδύνατ-ον	ἀδύνατ-ον	ἀδυνάτ-ους	ἀδύνατ-α
호격	ἀδύνατ-ε	ἀδύνατ-ον	ἀδύνατ-οι	ἀδύνατ-α

4) πᾶς

	단수			복수		
	남성	여성	중성	남성	여성	중성
주격	πᾶς	πᾶσα	πᾶν	πάντες	πᾶσαι	πάντα
소유격	παντός	πάσης	παντός	πάντων	πασῶν	πάντων
여격	παντί	πάσῃ	παντί	πᾶσι(ν)	πάσαις	πᾶσι(ν)
목적격	πάντα	πᾶσαν	πᾶν	πάντας	πάσας	πάντα

5) πολύς와 μέγας

		남성	여성	중성	남성	여성	중성
단수	주격	πολύς	πολλή	πολύ	μέγας	μεγάλη	μέγα
	소유격	πολλοῦ	πολλῆς	πολλοῦ	μεγάλου	μεγάλης	μεγάλου
	여격	πολλῷ	πολλῇ	πολλῷ	μεγάλῳ	μεγάλῃ	μεγάλῳ
	목적격	πολύν	πολλήν	πολύ	μέγαν	μεγάλην	μέγα
복수	주격	πολλοί	πολλαί	πολλά	μεγάλοι	μεγάλαι	μεγάλα
	소유격	πολλῶν	πολλῶν	πολλῶν	μεγάλων	μεγάλων	μεγάλων
	여격	πολλοῖς	πολλαῖς	πολλοῖς	μεγάλοις	μεγάλαις	μεγάλοις
	목적격	πολλούς	πολλάς	πολλά	μεγάλους	μεγάλας	μεγάλα

6) ἀληθής

	단수		복수	
	남성/여성	중성	남성/여성	중성
주격	ἀληθής	ἀληθές	ἀληθεῖς	ἀληθῆ
소유격	ἀληθοῦς	ἀληθοῦς	ἀληθῶν	ἀληθῶν
여격	ἀληθεῖ	ἀληθεῖ	ἀληθέσι(ν)	ἀληθέσι(ν)
목적격	ἀληθῆ	ἀληθές	ἀληθεῖς	ἀληθῆ

4. 대명사 변화형

1) 인칭대명사

① 1인칭과 2인칭 대명사

		1인칭	2인칭
단수	주격	ἐγώ	σύ
	소유격	ἐμοῦ 또는 μου	σοῦ 또는 σου
	여격	ἐμοί 또는 μοι	σοί 또는 σοι
	목적격	ἐμέ 또는 με	σέ 또는 σε
복수	주격	ἡμεῖς	ὑμεῖς
	소유격	ἡμῶν	ὑμῶν
	여격	ἡμῖν	ὑμῖν
	목적격	ἡμᾶς	ὑμᾶς

② 3인칭대명사 αὐτός

	단수			복수		
	남성	여성	중성	남성	여성	중성
주격	αὐτός	αὐτή	αὐτό	αὐτοί	αὐταί	αὐτά
소유격	αὐτοῦ	αὐτῆς	αὐτοῦ	αὐτῶν	αὐτῶν	αὐτῶν
여격	αὐτῷ	αὐτῇ	αὐτῷ	αὐτοῖς	αὐταῖς	αὐτοῖς
목적격	αὐτόν	αὐτήν	αὐτό	αὐτούς	αὐτάς	αὐτά

2) 지시대명사

① οὗτος

	단수			복수		
	남성	여성	중성	남성	여성	중성
주격	οὗτος	αὕτη	τοῦτο	οὗτοι	αὗται	ταῦτα
소유격	τούτου	ταύτης	τούτου	τούτων	τούτων	τούτων
여격	τούτῳ	ταύτῃ	τούτῳ	τούτοις	ταύταις	τούτοις
목적격	τοῦτον	ταύτην	τοῦτο	τούτους	ταύτας	ταῦτα

② ἐκεῖνος

	단수			복수		
	남성	여성	중성	남성	여성	중성
주격	ἐκεῖνος	ἐκείνη	ἐκεῖνο	ἐκεῖνοι	ἐκεῖναι	ἐκεῖνα
소유격	ἐκείνου	ἐκείνης	ἐκείνου	ἐκείνων	ἐκείνων	ἐκείνων
여격	ἐκείνῳ	ἐκείνη	ἐκείνῳ	ἐκείνοις	ἐκείναις	ἐκείνοις
목적격	ἐκεῖνον	ἐκείνην	ἐκεῖνο	ἐκείνους	ἐκείνας	ἐκεῖνα

3) 의문대명사 τίς

	단수		복수	
	남성/여성	중성	남성/여성	중성
주격	τίς	τί	τίνες	τίνα
소유격	τίνος	τίνος	τίνων	τίνων
여격	τίνι	τίνι	τίσι(ν)	τίσι(ν)
목적격	τίνα	τί	τίνας	τίνα

4) 부정대명사 τις

	단수		복수	
	남성/여성	중성	남성/여성	중성
주격	τις	τι	τινές	τινά
소유격	τινός	τινός	τινῶν	τινῶν
여격	τινί	τινί	τισί(ν)	τισί(ν)
목적격	τινά	τι	τινάς	τινά

5) 관계대명사

	단수			복수		
	남성	여성	중성	남성	여성	중성
주격	ὅς	ἥ	ὅ	οἵ	αἵ	ἅ
소유격	οὗ	ἧς	οὗ	ὧν	ὧν	ὧν
여격	ᾧ	ᾗ	ᾧ	οἷς	αἷς	οἷς
목적격	ὅν	ἥν	ὅ	οὕς	ἅς	ἅ

6) 부정관계대명사

	단수			복수		
	남성	여성	중성	남성	여성	중성
주격	ὅστις	ἥτις	ὅ τι	οἵτινες	αἵτινες	ἅτινα
소유격	οὗτινος (ὅτου)	ἧστινος	οὗτινος (ὅτου)	ὧντινων (ὅτων)	ὧντινων	ὧντινων (ὅτων)
여격	ᾧτινι (ὅτῳ)	ᾗτινι	ᾧτινι (ὅτῳ)	οἷστισι (ὅτοις)	αἷστισι	οἷστισι (ὅτοις)
목적격	ὅντινα	ἥντινα	ὅ τι	οὕστινας	ἅστινας	ἅτινα

7) 재귀대명사

	단수			복수
	1인칭	2인칭	3인칭	1, 2, 3인칭 공통
소유격 (~자신의)	ἐμαυτοῦ, -ῆς	σεαυτοῦ, -ῆς	ἑαυτοῦ, -ῆς	ἑαυτῶν
여격 (~자신에게)	ἐμαυτῷ, -ῇ	σεαυτῷ, -ῇ	ἑαυτῷ, -ῇ	ἑαυτοῖς, -αῖς
목적격 (~자신을)	ἐμαυτόν, -ήν	σεαυτόν, -ήν	ἑαυτόν, -ήν	ἑαυτούς, -άς

8) 상호대명사

	남성	여성	중성
소유격 (서로의)	ἀλλήλων	ἀλλήλων	ἀλλήλων
여격 (서로에게)	ἀλλήλοις	ἀλλήλαις	ἀλλήλοις
목적격 (서로를)	ἀλλήλους	ἀλλήλας	ἄλληλα

9) 수사(數詞) εἷς

	남성 단수	여성 단수	중성 단수
주격	εἷς	μία	ἕν
소유격	ἑνός	μιᾶς	ἑνός
여격	ἑνί	μιᾷ	ἑνί
목적격	ἕνα	μίαν	ἕν

5. 동사 변화

1) 직설법

① 능동태

		현재	미래	완료	미완료과거	부정과거
단수	1인칭	λύ–ω	λύ–σω	λέ–λυ–κα	ἔ–λυ–ον	ἔ–λυ–σα
	2인칭	λύ–εις	λύ–σεις	λέ–λυ–κας	ἔ–λυ–ες	ἔ–λυ–σας
	3인칭	λύει	λύ–σει	λέ–λυ–κε(ν)	ἔ–λυ–ε(ν)	ἔ–λυ–σε(ν)
복수	1인칭	λύ–ομεν	λύ–σομεν	λε–λύ–καμεν	ἐ–λύ–ομεν	ἐ–λύ–σαμεν
	2인칭	λύ–ετε	λύ–σετε	λε–λύ–κατε	ἐ–λύ–ετε	ἐ–λύ–σατε
	3인칭	λύ–ουσι(ν)	λύ–σουσι(ν)	λε–λύ–κασι(ν)	ἔ–λυ–ον	ἔ–λυ–σαν

② 중간-수동태

		현재	미래		완료	미완료 과거	부정과거	
단수	1인칭	λύ–ο–μαι	λύ–σο–μαι	λυ–θή–σο–μαι	λέ–λυ–μαι	ἐ–λυ–ό–μην	ἐ–λυ–σά–μην	ἐ–λύ–θην
	2인칭	λύ–η	λύ–σ–η	λυ–θή–σ–η	λέ–λυ–σαι	ἐ–λύ–ου	ἐ–λύ–σ–ω	ἐ–λύ–θης
	3인칭	λύ–ε–ται	λύ–σε–ται	λυ–θή–σε–ται	λέ–λυ–ται	ἐ–λύ–ε–το	ἐ–λύ–σα–το	ἐ–λύ–θη
복수	1인칭	λυ–ό–μεθα	λυ–σό–μεθα	λυ–θη–σό–μεθα	λε–λύ–μεθα	ἐ–λυ–ό–μεθα	ἐ–λυ–σά–μεθα	ἐ–λύ–θημεν
	2인칭	λύ–ε–σθε	λύ–σε–σθε	λυ–θή–σε–σθε	λέ–λυ–σθε	ἐ–λύ–ε–σθε	ἐ–λύ–σα–σθε	ἐ–λύ–θητε
	3인칭	λύ–ο–νται	λύ–σο–νται	λυ–θή–σο–νται	λέ–λυ–νται	ἐ–λύ–ο–ντο	ἐ–λύ–σα–ντο	ἐ–λύ–θησαν

2) 명령법, 부정사, 가정법

			현재 능동태	부정과거 능동태	현재 중간-수동태	부정과거 중간태	부정과거 수동태
가정법	단수	1인칭	λύ–ω	λύ–σω	λύ–ωμαι	λύ–σωμαι	λυ–θῶ
		2인칭	λύ–ῃς	λύ–σῃς	λύ–ῃ	λύ–σῃ	λυ–θῇς
		3인칭	λύ–ῃ	λύ–σῃ	λύ–ηται	λύ–σηται	λυ–θῇ
	복수	1인칭	λύ–ωμεν	λύ–σωμεν	λυ–ώμεθα	λυ–σώμεθα	λυ–θῶμεν
		2인칭	λύ–ητε	λύ–σητε	λύ–ησθε	λύ–σησθε	λυ–θῆτε
		3인칭	λύ–ωσι(ν)	λύ–σωσι(ν)	λύ–ωνται	λύ–σωνται	λυ–θῶσι(ν)
명령	단수	2인칭	λῦ–ε	λῦ–σον	λύ–ου	λῦ–σαι	λύ–θητι
		3인칭	λυ–έτω	λυ–σάτω	λυ–έσθω	λυ–σάσθω	λυ–θήτω
	복수	2인칭	λύ–ετε	λύ–σατε	λύ–εσθε	λύ–σασθε	λύ–θητε
		3인칭	λυ–έτωσαν	λυ–σάτωσαν	λυ–έσθωσαν	λυ–σάσθωσαν	λυ–θήτωσαν
부정사			λύ–ειν	λῦ–σαι	λύ–εσθαι	λύ–σασθε	λυ–θῆναι

3) 분사

① 변화형 개요

		변화형	남성/중성형 어간
능동태	현재 부정 과거 완료	λύ–ων, λύ–ουσα, λῦ–ον λύ–σας, λύ–σασα, λῦ–σαν λε–λυ–κώς, λε–λυ–κυῖα, λε–λυ–κός	λυοντ– λυσαντ– λελυκοτ–
중간태	현재 부정 과거 완료	λυ–ό–μενος, λυ–ο–μένη, λυ–ό–μενον λυ–σά–μενος, λυ–σα–μένη, λυ–σά–μενον λε–λυ–μένος, λε–λυ–μένη, λε–λυ–μένον	
수동태	현재 부정 과거 완료	λυ–ό–μενος, λυ–ο–μένη, λυ–ό–μενον λυ–θείς, λυ–θεῖσα, λυ–θέν λε–λυ–μένος, λε–λυ–μένη, λε–λυ–μένον	λυθεντ–

② 어형변화

- 능동 현재분사

	단수			복수		
	남성	여성	중성	남성	여성	중성
주격	λύ–ων	λύ–ουσα	λῦ–ον	λύ–οντες	λύ–ουσαι	λύ–οντα
소유격	λύ–οντος	λυ–ούσης	λύ–οντος	λυ–όντων	λυ–ουσῶν	λυ–όντων
여격	λύ–οντι	λυ–ούσῃ	λύ–οντι	λύ–ουσι(ν)	λυ–ούσαις	λύ–ουσι(ν)
목적격	λύ–οντα	λύ–ουσαν	λῦ–ον	λύ–οντας	λυ–ούσας	λύ–οντα

– 능동 부정과거분사

	단수			복수		
	남성	여성	중성	남성	여성	중성
주격	λύ–σας	λύ–σασα	λῦ–σαν	λύ–σαντες	λύ–σασαι	λύ–σαντα
소유격	λύ–σαντος	λυ–σάσης	λύ–σαντος	λυ–σάντων	λυ–σασῶν	λυ–σάντων
여격	λύ–σαντι	λυ–σάσῃ	λύ–σαντι	λύ–σασι(ν)	λυ–σάσαις	λύ–σασι(ν)
목적격	λύ–σαντα	λύ–σασαν	λῦ–σαν	λύ–σαντας	λυ–σάσας	λύ–σαντα

– 능동 완료분사

	단수			복수		
	남성	여성	중성	남성	여성	중성
주격	λε–λυ–κώς	λε–λυ–κυῖα	λε–λυ–κός	λε–λυ–κότες	λε–λυ–κυῖαι	λε–λυ–κότα
소유격	λε–λυ–κότος	λε–λυ–κυίας	λε–λυ–κότος	λε–λυ–κότων	λε–λυ–κυιῶν	λε–λυ–κότων
여격	λε–λυ–κότι	λε–λυ–κυίᾳ	λε–λυ–κότι	λε–λυ–κόσι(ν)	λε–λυ–κυίαις	λε–λυ–κόσι(ν)
목적격	λε–λυ–κότα	λε–λυ–κυῖαν	λε–λυ–κός	λε–λυ–κότας	λε–λυ–κυίας	λε–λυ–κότα

– 수동 부정과거분사

	단수			복수		
	남성	여성	중성	남성	여성	중성
주격	λυ–θείς	λυ–θεῖσα	λυ–θέν	λυ–θέντες	λυ–θεῖσαι	λυ–θέντα
소유격	λυ–θέντος	λυ–θείσης	λυ–θέντος	λυ–θέντων	λυ–θεισῶν	λυ–θέντων
여격	λυ–θέντι	λυ–θείσῃ	λυ–θέντι	λυ–θεῖσι(ν)	λυ–θείσαις	λυ–θεῖσι(ν)
목적격	λυ–θέντα	λυ–θεῖσαν	λυ–θέν	λυ–θέντας	λυ–θείσας	λυ–θέντα

4) 축약동사

① αω 동사

- 직설법

		직설법			
		현재 능동태	미완료과거 능동태	현재 중간–수동태	미완료과거 중간–수동태
단수	1인칭	τιμῶ (ά–ω)	ἐ–τίμων (α–ον)	τιμῶμαι (ά–ομαι)	ἐ–τιμώμην (α–όμην)
	2인칭	τιμᾷς (ά–εις)	ἐ–τίμας (α–ες)	τιμᾷ (ά–η)	ἐ–τιμῶ (ά–ου)
	3인칭	τιμᾷ (ά–ει)	ἐ–τίμα (α–ε)	τιμᾶται (ά–εται)	ἐ–τιμᾶτο (ά–ετο)
복수	1인칭	τιμῶμεν (ά–ομεν)	ἐ–τιμῶμεν (ά–ομεν)	τιμώμεθα (α–όμεθα)	ἐ–τιμώμεθα (α–όμεθα)
	2인칭	τιμᾶτε (ά–ετε)	ἐ–τιμᾶτε (ά–ετε)	τιμᾶσθε (ά–εσθε)	ἐ–τιμᾶσθε (ά–εσθε)
	3인칭	τιμῶσι(ν) (ά–ουσι)	ἐ–τίμων (α–ον)	τιμῶνται (ά–ονται)	ἐ–τιμῶντο (ά–οντο)

– 명령법, 가정법

		명령법		가정법	
		현재 능동태	현재 중간-수동태	현재 능동태	현재 중간-수동태
단수	1인칭			τιμῶ	τιμῶμαι
	2인칭	τίμα	τιμῶ	τιμᾷς	τιμᾷ
	3인칭	τιμάτω	τιμάσθω	τιμᾷ	τιμᾶται
복수	1인칭			τιμῶμεν	τιμώμεθα
	2인칭	τιμᾶτε	τιμᾶσθε	τιμᾶτε	τιμᾶσθε
	3인칭	τιμάτωσαν	τιμάσθωσαν	τιμῶσι(ν)	τιμῶνται

– 부정사, 분사

	현재 능동태	현재 중간-수동태
부정사	τιμᾶν	τιμᾶσθαι
분사	τιμῶν, τιμῶντος τιμῶσα, τιμώσης τιμῶν, τιμῶντος	τιμώμενος τιμωμένη τιμώμενον

② εω 동사

– 직설법

		직설법			
		현재 능동태	미완료과거 능동태	현재 중간–수동태	미완료과거 중간–수동태
단수	1인칭	φιλῶ (έ–ω)	ἐ–φίλουν (ε–ον)	φιλοῦμαι (έ–ομαι)	ἐ–φιλούμην (ε–όμην)
	2인칭	φιλεῖς (έ–εις)	ἐ–φίλεις (ε–ες)	φιλῇ (έ–η)	ἐ–φιλοῦ (έ–ου)
	3인칭	φιλεῖ (έ–ει)	ἐ–φίλει (ε–ε)	φιλεῖται (έ–εται)	ἐ–φιλεῖτο (έ–ετο)
복수	1인칭	φιλοῦμεν (έ–ομεν)	ἐ–φιλοῦμεν (έ–ομεν)	φιλούμεθα (ε–όμεθα)	ἐ–φιλούμεθα (ε–όμεθα)
	2인칭	φιλεῖτε (έ–ετε)	ἐ–φιλεῖτε (έ–ετε)	φιλεῖσθε (έ–εσθε)	ἐ–φιλεῖσθε (έ–εσθε)
	3인칭	φιλοῦσι(ν) (έ–ουσι)	ἐ–φίλουν (ε–ον)	φιλοῦνται (έ–ονται)	ἐ–φιλοῦντο (έ–οντο)

– 명령법, 가정법

		명령법		가정법	
		현재 능동태	현재 중간–수동태	현재 능동태	현재 중간–수동태
단수	1인칭			φιλ–ῶ	φιλ–ῶμαι
	2인칭	φίλει	φιλοῦ	φιλ–ῇς	φιλ–ῇ
	3인칭	φιλείτω	φιλείσθω	φιλ–ῇ	φιλ–ῆται
복수	1인칭			φιλ–ῶμεν	φιλ–ώμεθα
	2인칭	φιλεῖτε	φιλεῖσθε	φιλ–ῆτε	φιλ–ῆσθε
	3인칭	φιλείτωσαν	φιλείσθωσαν	φιλ–ῶσι	φιλ–ῶνται

- 부정사, 분사

	현재 능동태	현재 중간–수동태
부정사	φιλεῖν	φιλεῖσθαι
분사	φιλῶν, φιλοῦντος φιλοῦσα, φιλούσης φιλοῦν, φιλοῦντος	φιλούμενος φιλουμένη φιλούμενον

② οω 동사

- 직설법

		직설법			
		현재 능동태	미완료과거 능동태	현재 중간–수동태	미완료과거 중간–수동태
단수	1인칭	δηλῶ (ό–ω)	ἐ–δήλουν (ο–ον)	δηλοῦμαι (ό–ομαι)	ἐ–δηλούμην (ο–όμην)
	2인칭	δηλοῖς (ό–εις)	ἐ–δήλους (ο–ες)	δηλοῖ (ό–η)	ἐ–δηλοῦ (ό–ου)
	3인칭	δηλοῖ (ό–ει)	ἐ–δήλου (ο–ε)	δηλοῦται (ό–εται)	ἐ–δηλοῦτο (ό–ετο)
복수	1인칭	δηλοῦμεν (ό–ομεν)	ἐ–δηλοῦμεν (ό–ομεν)	δηλούμεθα (ο–όμεθα)	ἐ–δηλούμεθα (ο–όμεθα)
	2인칭	δηλοῦτε (ό–ετε)	ἐ–δηλοῦτε (ό–ετε)	δηλοῦσθε (ό–εσθε)	ἐ–δηλοῦσθε (ό–εσθε)
	3인칭	δηλοῦσι(ν) (ό–ουσι)	ἐ–δήλουν (ο–ον)	δηλοῦνται (ό–ονται)	ἐ–δηλοῦντο (ό–οντο)

– 명령법, 가정법

		명령법		가정법	
		현재 능동태	현재 중간-수동태	현재 능동태	현재 중간-수동태
단수	1인칭			δηλ–ῶ	δηλ–ῶμαι
	2인칭	δήλου	δηλοῦ	δηλ–οῖς	δηλ–οῖ
	3인칭	δηλούτω	δηλούσθω	δηλ–οῖ	δηλ–ῶται
복수	1인칭			δηλ–ῶμεν	δηλ–ώμεθα
	2인칭	δηλοῦτε	δηλοῦσθε	δηλ–ῶτε	δηλ–ῶσθε
	3인칭	δηλούτωσαν	δηλούσθωσαν	δηλ–ῶσι	δηλ–ῶνται

– 부정사, 분사

	현재 능동태	현재 중간-수동태
부정사	δηλοῦν	δηλοῦσθαι
분사	δηλῶν, δηλοῦντος δηλοῦσα, δηλούσης δηλοῦν, δηλοῦντος	δηλούμενος δηλουμένη δηλούμενον

5) μι 동사

① 능동 현재

– 직설법, 가정법

		직설법			가정법		
		δίδωμι	τίθημι	ἵστημι	δίδωμι	τίθημι	ἵστημι
단수	1인칭	δί–δω–μι	τί–θη–μι	ἵ–στη–μι	δι–δῶ	τι–θῶ	ἱ–στῶ
	2인칭	δί–δω–ς	τί–θη–ς	ἵ–στη–ς	δι–δῷς	τι–θῇς	ἱ–στῇς
	3인칭	δί–δω–σι(ν)	τί–θη–σι(ν)	ἵ–στη–σι(ν)	δι–δῷ	τι–θῇ	ἱ–στῇ
복수	1인칭	δί–δο–μεν	τί–θε–μεν	ἵ–στα–μεν	δι–δῶμεν	τι–θῶμεν	ἱ–στῶμεν
	2인칭	δί–δο–τε	τί–θε–τε	ἵ–στα–τε	δι–δῶτε	τι–θῆτε	ἱ–στῆτε
	3인칭	δι–δό–ασι(ν)	τι–θέ–ασι(ν)	ἱ–στᾶ–σι(ν)	δι–δῶσι(ν)	τι–θῶσι(ν)	ἱ–στῶσι(ν)

– 명령법, 부정사, 분사

		명령법			부정사		
단수	2인칭	δί–δ–ου	τί–θ–ει	ἵ–στ–η	δι–δό–ναι	τι–θέ–ναι	ἱ–στά–ναι
	3인칭	δι–δό–τω	τι–θέ–τω	ἱ–στά–τω	분사		
복수	2인칭	δί–δο–τε	τί–θε–τε	ἵ–στα–τε	δι–δ–ούς,	τι–θ–είς,	ἱ–στ–άς,
	3인칭	δι–δό–τωσαν	τιθ–έ–τωσαν	ἱ–στά–τωσαν	–οῦσα,	–εῖσα,	–ᾶσα,
					–όν	–έν	–άν

③ 중간-수동태 현재

- 직설법, 가정법

		직설법			가정법		
		δίδωμι	τίθημι	ἵστημι	δίδωμι	τίθημι	ἵστημι
단수	1인칭	δί-δο-μαι	τί-θε-μαι	ἵ-στα-μαι	δι-δῶμαι	τι-θῶμαι	ἱ-στῶμαι
	2인칭	δί-δο-σαι	τί-θε-σαι	ἵ-στα-σαι	δι-δῷ	τι-θῇ	ἱ-στῇς
	3인칭	δί-δο-ται	τί-θε-ται	ἵ-στα-ται	δι-δῶται	τι-θῆται	ἱ-στῆται
복수	1인칭	δι-δό-μεθα	τι-θέ-μεθα	ἱ-στά-μεθα	δι-δώμεθα	τι-θώμεθα	ἱ-στώμεθα
	2인칭	δί-δο-σθε	τί-θε-σθε	ἵ-στα-σθε	δι-δῶσθε	τι-θῆσθε	ἱ-στῆσθε
	3인칭	δί-δο-νται	τί-θε-νται	ἵ-στα-νται	δι-δῶνται	τι-θῶνται	ἱ-στῶνται

- 명령법, 부정사, 분사

		명령법			부정사		
단수	2인칭	δί-δο-σο	τί-θε-σο	ἵ-στα-σο	δί-δο-σθαι	τί-θε-σθαι	ἵ-στα-σθαι
	3인칭	δι-δό-σθω	τι-θέ-σθω	ἱ-στά-σθω	분사		
복수	2인칭	δί-δο-σθε	τί-θε-σθε	ἵ-στα-σθε	δι-δό-μενος	τι-θέ-μενος	ἱ-στά-μενος
	3인칭	δι-δό-σθωσαν	τι-θέ-σθωσαν	ἱ-στά-σθωσαν			

③ 미완료과거 직설법

<table>
<tr><td rowspan="2"></td><td rowspan="2"></td><td colspan="3">능동태</td><td colspan="3">중간-수동태</td></tr>
<tr></tr>
<tr><td rowspan="3">단수</td><td>1인칭</td><td>ἐ-δί-δου-ν</td><td>ἐ-τί-θη-ν</td><td>ἵ-στη-ν</td><td>ἐ-δι-δό-μην</td><td>ἐ-τι-θέ-μην</td><td>ἱ-στά-μην</td></tr>
<tr><td>2인칭</td><td>ἐ-δί-δου-ς</td><td>ἐ-τί-θει-ς</td><td>ἵ-στη-ς</td><td>ἐ-δί-δο-σο</td><td>ἐ-τί-θε-σο</td><td>ἵ-στα-σο</td></tr>
<tr><td>3인칭</td><td>ἐ-δί-δου</td><td>ἐ-τί-θει</td><td>ἵ-στη</td><td>ἐ-δί-δο-το</td><td>ἐ-τί-θε-το</td><td>ἵ-στα-το</td></tr>
<tr><td rowspan="3">복수</td><td>1인칭</td><td>ἐ-δί-δο-μεν</td><td>ἐ-τί-θε-μεν</td><td>ἵ-στα-μεν</td><td>ἐ-δι-δό-μεθα</td><td>ἐ-τι-θέ-μεθα</td><td>ἱ-στά-μεθα</td></tr>
<tr><td>2인칭</td><td>ἐ-δί-δο-τε</td><td>ἐ-τί-θε-τε</td><td>ἵ-στα-τε</td><td>ἐ-δί-δο-σθε</td><td>ἐ-τί-θε-σθε</td><td>ἵ-στα-σθε</td></tr>
<tr><td>3인칭</td><td>ἐ-δί-δο-σαν</td><td>ἐ-τί-θε-σαν</td><td>ἵ-στα-σαν</td><td>ἐ-δί-δο-ντο</td><td>ἐ-τί-θε-ντο</td><td>ἵ-στα-ντο</td></tr>
</table>

④ 부정과거 능동태

– 직설법, 가정법

<table>
<tr><td rowspan="2"></td><td rowspan="2"></td><td colspan="4">직설법</td><td colspan="3">가정법</td></tr>
<tr></tr>
<tr><td rowspan="3">단 수</td><td>1인칭</td><td>ἔ-δω-κα</td><td>ἔ-θη-κα</td><td>ἔ-στη-σα</td><td>ἔ-στη-ν</td><td>δῶ</td><td>θῶ</td><td>στῶ</td></tr>
<tr><td>2인칭</td><td>ἔ-δω-κας</td><td>ἔ-θη-κας</td><td>ἔ-στη-σας</td><td>ἔ-στη-ς</td><td>δῷς</td><td>θῇς</td><td>στῇς</td></tr>
<tr><td>3인칭</td><td>ἔ-δω-κε(ν)</td><td>ἔ-θη-κε(ν)</td><td>ἔ-στη-σε(ν)</td><td>ἔ-στη</td><td>δῷ</td><td>θῇ</td><td>στῇ</td></tr>
<tr><td rowspan="3">복 수</td><td>1인칭</td><td>ἐ-δώ-καμεν</td><td>ἐ-θή-καμεν</td><td>ἐ-στή-σαμεν</td><td>ἔ-στη-μεν</td><td>δῶμεν</td><td>θῶμεν</td><td>στῶμεν</td></tr>
<tr><td>2인칭</td><td>ἐ-δώ-κατε</td><td>ἐ-θή-κατε</td><td>ἐ-στή-σατε</td><td>ἔ-στη-τε</td><td>δῶτε</td><td>θῆτε</td><td>στῆτε</td></tr>
<tr><td>3인칭</td><td>ἔ-δω-καν</td><td>ἔ-θη-καν</td><td>ἔ-στη-σαν</td><td>ἔ-στη-σαν</td><td>δῶσι(ν)</td><td>θῶσι(ν)</td><td>στῶσι(ν)</td></tr>
</table>

- 명령법, 부정사, 분사

		명령법			부정사		
단수	2인칭 3인칭	δό–ς δό–τω	θέ–ς θέ–τω	στῆ–θι στή–τω	δοῦ–ναι	θεῖ–ναι	στῆ–ναι (στῆ–σαι)
					분사		
복수	2인칭 3인칭	δό–τε δό–τωσαν	θέ–τε θέ–τωσαν	στῆ–τε στή–τωσαν	δ–ούς, –οῦσα, –όν	θ–είς, –εῖσα, –έν	στ–άς, –ᾶσα, –άν

⑤ 부정과거 중간, 수동태

- 직설법

		중간태			수동태		
단수	1인칭 2인칭 3인칭	ἐ–δό–μην ἔ–δου ἔ–δο–το	ἐ–θέ–μην ἔ–θου ἔ–θε–το	ἐ–στά–μην ἔ–στω ἔ–στα–το	ἐ–δό–θην ἐ–δό–θης ἐ–δό–θη	ἐ–τέ–θην ἐ–τέ–θης ἐ–τέ–θη	ἐ–στά–θην ἐ–στά–θης ἐ–στά–θη
복수	1인칭 2인칭 3인칭	ἐ–δό–μεθα ἔ–δο–σθε ἔ–δο–ντο	ἐ–θέ–μεθα ἔ–θε–σθε ἔ–θε–ντο	ἐ–στά–μεθα ἔ–στα–σθε ἔ–στα–ντο	ἐ–δό–θημεν ἐ–δό–θητε ἐ–δό–θησαν	ἐ–τέ–θημεν ἐ–τέ–θητε ἐ–τέ–θησαν	ἐ–στά–θημεν ἐ–στά–θητε ἐ–στά–θησαν

- 가정법

		중간태		수동태		
		δίδωμι	τίθημι	δίδωμι	τίθημι	ἵστημι
단수	1인칭	δῶμαι	θῶμαι	δο-θῶ	τι-θῶ	στα-θῶ
	2인칭	δῷ	θῇ	δο-θῇς	τι-θῇς	στα-θῇς
	3인칭	δῶται	θῆται	δο-θῇ	τι-θῇ	στα-θῇ
복수	1인칭	δώμεθα	θώμεθα	δο-θῶμεν	τι-θῶμεν	στα-θῶμεν
	2인칭	δῶσθε	θῆσθε	δο-θῆτε	τι-θῆτε	στα-θῆτε
	3인칭	δῶνται	θῶνται	δο-θῶσι	τι-θῶσι	στα-θῶσι

- 명령법

		중간태			수동태		
		δίδωμι	τίθημι	ἵστημι	δίδωμι	τίθημι	ἵστημι
단수	2인칭	δ-οῦ	θ-οῦ	στ-ῶ	δό-θη-τι	τέ-θη-τι	στά-θη-τι
	3인칭	δό-σθω	θέ-σθω	στά-σθω	δο-θή-τω	τε-θή-τω	στα-θή-τω
복수	2인칭	δό-σθε	θέ-σθε	στά-σθε	δό-θη-τε	τέ-θη-τε	στά-θη-τε
	3인칭	δό-σθωσαν	θέ-σθωσαν	στά-σθωσαν	δο-θή-τωσαν	τε-θή-τωσαν	στα-θή-τωσαν

- 분사

	중간태		수동태		
	δίδωμι	τίθημι	δίδωμι	τίθημι	ἵστημι
남성 여성 중성	δό–μενος δο–μένη δό–μενον	θέ–μενος θε–μένη θέ–μενον	δο–θείς, –θέντος δο–θεῖσα, –θείσης δο–θέν, –θέντος	τε–θείς, –θέντος τε–θεῖσα, –θείσης τε–θέν, –θέντος	στα–θείς, –θέντος στα–θεῖσα, –θείσης στα–θέν, –θέντος

- 부정사

	δίδωμι	τίθημι	ἵστημι
부정과거 중간태	δό–σθαι	θέ–σθαι	
부정과거 수동태	δο–θῆ–ναι	τε–θῆ–ναι	στα–θῆ–ναι

⑤ 미래 변화형 : λύω 동사 변화형과 동일한 방식으로 어형 변화(δώ-σω, θή-σω, στή-σω 등)

* εἰμί 동사의 어형변화

		직설법			명령	가정법	부정사	현재분사
		현재	미래	미완료 과거				
단수	1인칭	εἰ-μί	ἔσο-μαι	ἤμην		ὦ	εἶναι	ὤν, οὖσα, ὄν
	2인칭	εἶ	ἔσῃ	ἦς (ἦσθα)	ἴσθι	ἦς		
	3인칭	ἐσ-τί(ν)	ἔσ-ται	ἦν	ἔστω	ἦ		
복수	1인칭	ἐσ-μέν	ἐσό-μεθα	ἦμεν		ὦ-μεν		
	2인칭	ἐσ-τέ	ἔσε-σθε	ἦτε	ἔστε	ἦ-τε		

참고문헌

- S.M. Baugh, 김경진 역, 『신약성경 헬라어 문법』, 크리스챤 출판사, 2003.
- David Alan Black, Learning to read New Testament Greek, 3rd edition, B&H Academic: Nashville, Tennessee, 2009.
- Alston Hurd Chase & Henry Phillips, *A New Introduction to Greek, 3rd edition*, Harvard University Press, 1969
- Jeremy Duff, *The Elements of New Testament Greek, 3rd edition*, Cambridge University Press, 2005.
- Herbert Weir Smyth, *Greek Grammar*, Harvard University Press, 1984.
- Daniel B. Wallace, *The Basics of New Testament Syntax, Grand Rapids*, Michigan: Zondervan Publishing House, 2000.

알기 쉬운 초급 성경헬라어 문법

펴낸날	초판 1쇄 2013년 10월 21일

지은이	오유석
펴낸이	심만수
펴낸곳	(주)살림출판사
출판등록	1989년 11월 1일 제9-210호

주소	경기도 파주시 문발동 522-1
전화	031-955-1350　　팩스 031-624-1356
기획·편집	031-955-4662
홈페이지	http://www.sallimbooks.com
이메일	book@sallimbooks.com

ISBN	978-89-522-2755-3　03790

* 값은 뒤표지에 있습니다.
* 잘못 만들어진 책은 구입하신 서점에서 바꾸어 드립니다.